THE TRUE STORY OF KALUAIKOOLAU

HAWAII TERRITORY SURVEY
WALTER E. WALL
Surveyor

KAUAI

HAWAIIAN ISLANDS

1903

Compiled by John M. Donn from all available data in the office and from private surveys.

THE TRUE STORY OF
KALUAIKOOLAU

AS TOLD BY HIS WIFE, PIILANI

———

Translated from the Hawaiian Language By
Frances N. Frazier

❧ ❧ ❧

THE KAUAI HISTORICAL SOCIETY
LIHUE, HAWAI'I

11 10 09   7 6 5 4

Library of Congress Cataloging-in-Publication Data
Kaluaikoolau, Piilani.
[Moolelo oiaio o Kaluaikoolau. English & Hawaiian]
The true story of Kaluaikoolau / as told by his wife, Piilani ; translated from the
Hawaiian language by Frances N. Frazier.
p. cm.
Includes bibliographical references.
ISBN 0-9607542-9-6 (cloth : alk. paper)

ISBN-13: 978-097032930-1 (paper : alk. paper)
ISBN-10: 0-9703293-0-X (paper : alk. paper)
1. Kaluaikoolau—Legends.   2. Hawaiians—Biography.   3. Hawaiians—Folklore.   I.
Frazier, Frances N.   II. Title.

GR110.H38 K35 2001
996.9'02'0922—dc21
[B]   2001029883

This book was printed on acid-free paper and meets
the guidelines for permanence and durability of the
Council on Library Resources.

Printed by The Maple-Vail Book Manufacturing Group

Distributed by University of Hawai'i Press
2840 Kolowalu Street
Honolulu, Hawai'i 96822

CONTENTS

———

Foreword   vii

Introduction   ix

The True Story of Kaluaikoolau   1

Illustrations   49

Ka Moolelo Oiaio o Kaluaikoolau   61

Errata   141

FOREWORD

———

THE KAUAI HISTORICAL SOCIETY is pleased to present the story of Kaluaikoolau, his wife Piilani, and their son Kaleimanu, which is part of Kauai's history and has become legendary. The events of this story took place in 1893 in the period just after the overthrow of Queen Liliuokalani at which time a Provisional Government was created.

Leprosy, now called Hansen's Disease, had spread to the extent that, from the time of Kamehameha V, lepers had been isolated at Kalawao on the Island of Molokai. Originally spouses and *"kokua"* [helpers] had been allowed to accompany patients, to care for them. But before the events in this story occurred, this had been forbidden. The Hawaiian people referred to the leper settlement on Molokai as "The Grave Where One is Buried Alive". Some lepers moved into remote valleys hoping to end their days in the love and comfort of their families. Koolau and his young son, Kaleimanu, had contracted leprosy. Under cover of darkness the little family departed from Kekaha and went down into Kalalau Valley. Piilani, who had sworn never to leave her husband, accompanied them.

When Koolau shot Deputy Sheriff Stolz, the Provisional Government, fearing a general insurrection, sent militia into Kalalau Valley to capture or kill Koolau. Piilani stood beside her husband during these terrible days and eventually buried both her son and her husband. After several years of hiding, she returned to her family in Kekaha to find herself a heroine, not an outlaw. John G. M. Sheldon, a journalist, interviewed Piilani and wrote down her story in Hawaiian, which appeared in book form in 1906. This story was translated by Frances Frazier and published in abridged form in 1977 in *Olowalu Massacre*, a book of historical vignettes by Aubrey P. Janion, and later appeared in *The Hawaiian Journal of History* (vol. 21, 1987). Reproduction pages from the 1906 publication in its original Hawaiian language follow Mrs. Frazier's translation.

Mrs. Frazier was born in Honolulu of a Hawaiian mother and *haole* father. Educated in Hawaii she was inspired to study the Hawaiian language when she did volunteer typing for Mary Kawena Pukui, who was at that time the Hawaiian Scholar at the Bishop Museum. During the time she was learning the language she was encouraged by Dr. Samuel Elbert when he allowed her to audit his class on Hawaiian literature at the University of Hawaii. She assisted with the editing and preparation for publication of the English-Hawaiian edition of the Pukui-Elbert *Hawaiian Dictionary,* which was published in 1963. She has translated important material at the Hawaii State Archives, and continues to translate land deeds, court documents, including wills, affidavits, and court records, material at the Bishop Museum, and articles from Hawaiian language newspapers. Her most recent work is the translation of *Kamehameha and His Warrior Kekuhaupi'o* written by Reverend Stephen L. Desha (publisher Kamehameha Schools Press).

Kauai residents who gathered together to collect the histories of Kauai and Niihau organized the Kauai Historical Society in 1914 to actively collect, study, preserve and disseminate the written, oral and pictorial history of the two islands for the use and benefit of the public.

In 1975 a publication fund was created of proceeds from the sale of a Society publication *The Kauai Album.* Since that time the fund has been used by the Society's Publication Committee whose members have volunteered their time and expertise to this and other publications.

The Kauai Historical Society
Publication Committee
Robert Schleck, Chairman
Chris Fayé
Ruth Smith
Joe Ursprung
Bruce Wichman
November, 2000

INTRODUCTION

―――――

IN 1906 IN HONOLULU a little book written in the Hawaiian language was published by Kahikina Kelekona (John Sheldon)[1] which was "Offered and Dedicated to Native Hawaiians." It was the story of Kaluaikoolau (referred to herein as Koolau), as told by his wife Piilani. These events, as described by Piilani, took place on the island of Kauai in the Hawaiian Islands, in Kalalau Valley.

Koolau and his young son Kaleimanu contracted leprosy at a time when there was no known cure for it and it was believed to be very contagious by the foreigners in Hawaii because of its spread amongst the Hawaiian race. It was only by strict segregation of leprosy patients from the rest of the world, at Kalawao on the island of Molokai, that the Hawaiian government was able to cope with the problem. Kalawao was the most easterly *ahupuaa,* a major land division, on a peninsula which projected from the Northern side of Molokai. The peninsula was effectively cut off on the landward side by forbidding cliffs and surrounded on the other sides by rough and dangerous ocean. In later years the patients were resettled on the dryer Western side of the peninsula in the *ahupuaa* of Kalaupapa and the settlement now bears that name. In these times patients are said to have Hansen's Disease and they prefer not to be stigmatized as lepers, but in 1893 the means of arresting the disease later discovered by Hansen was unknown, and so the ancient name for the disease is used in this translation.

The Hawaiians called the disease *mai Pake,* the Chinese sickness, or *mai alii,* the royal sickness, because a chief was said to have been the first to be afflicted, or *mai hookaawale,* the separating sickness, because of the strict segregation of the patients. Kalawao was called *ka luakupapau kanu ola,* the grave where one is buried alive.

In the beginning those who contracted leprosy were allowed to be accompanied by helpers, called *kokua,* usually a family member. However, problems had arisen and about the time that Koolau became sick *kokua* were no longer allowed to accompany patients to Kalawao.

Koolau refused to be parted from his wife and the three of them, husband, wife and young son, took refuge in Kalalau Valley, descending into the isolated valley by an ancient and most difficult and dangerous trail which no longer exists.[2]

The story, after a brief introduction by Sheldon, is told by Piilani. It is the true and tragic record of the last years of their son and her husband, revealing a steadfastness and devotion that can rival any classical legend.

At a period when foreigners in the community were terrified of this dread, incurable disease, she accompanied her family and cared for them with no thought of harm to herself.

Attempts have been made by Jack London and other writers to exploit this story but none of the stories can compare with that told by Piilani herself.[3]

In 1916 C. B. Hofgaard, of Waimea, Kauai, read a paper to the Kauai Historical Society, mentioning the recent death of Piilani whom he admired and knew personally. He gave the story much as it appears here but without using the poetic and figurative imagery which used to ornament the language as spoken by Hawaiians of that era.

In 1973, Aubrey P. Janion asked me to do a translation of the story as he wanted to incorporate part of it in his book of Hawaiian historical vignettes entitled "The Olowalu Massacre".[4]

"The Olowalu Massacre" was published by the Island Heritage Press, Limited. When I decided to send the full story for publication in the Journal of the Hawaiian Historical Society in 1987, Island Heritage Press, Limited graciously granted permission for the publication of the full story in the Journal.

Neither Aubrey Janion nor myself were aware of the existence of Mr. Hofgaard's paper until I had completed my translation. It was very interesting to find that our stories, with one important difference, were practically identical. The difference is my attempt to follow as literally as possible the language of the original with all its richness of poetry and its pathos.

Hundreds of volumes about Hawaii exist, but they are all, with few exceptions, from the viewpoint of the *haole*. Here is one from the Hawaiian side of the story.

Readers will note that the translator has not used the glottal stop and macron for Hawaiian words and names, since at the time the story was written, such marks as aids to pronunciation and meaning were not used. Only in recent years have students begun to use these marks as aids in learning and understanding the language.

Frances N. Frazier
Translator

THE TRUE STORY OF
KALUAIKOOLAU

Piilani's Lament

———

ALOHA IS THAT PEARL beyond all else in this life.

Aloha to the cluster of islands of the homeland, from the rising of the sun at Kumukahi to its setting at sea-sprinkled Lehua.

Aloha to the elders, the parents, the elder siblings, the youngest siblings, the brothers of sisters, the children, and the grandparents.

Aloha to my people of the same womb; aloha to the multitudes of the same lineage, the flesh, the bone and the blood of the same family; profound and warm love to all.

Only love to the gazing at the pangs of hunger,
Only love to the relief of thirst,
Only love to the pelting of the heat of the sun and of the raindrops,
Only love for the surge of emotion for the very last words of my
     husband and our treasured child of the bosom—

Only love for the dark standing *pali* of Kalalau, turning hither, turn-
     ing there,
Only love for the high-reaching peak of Kamaile, whence firebrands
     were hurled,
Only love for those ridges and nooks entangled in vegetation,
Only love for the bones of my husband and our treasured child of
     the bosom—

Only love for these graves which are hidden from eyes,
Only love for their rest together in those awesome heights,
Only love for me, beating my breast thereafter,
Only love for the features of my husband and our treasured child
     of the bosom—

Only love for the turning away of these eyes, hands crossed in grief,
Only love for the departure from them with expanding burden of
grief,
Only love for my wanderings alone on the paths which we faced
together,
Only love for the remembrance of the bodies of my husband and
our treasured child of the bosom—

Only love to you, O Kahalanui, there is much love for Waimake-
make and the height of Koheo,
Only love to you, O Punee, remembrance always moves to the
tropic-bird heights of Limamuku and Kalahau,
Only love to you, O Oheoheiki, standing guard over the obsession
of love—
Only love for your hiding of their sleep in the earth—
I wail in mourning for my husband and the child treasured in
the bosom—

THE TRUE STORY OF
KALUAIKOOLAU

Kaluaikoolau

Ke Kaeaea o na Pali Kalalau (The Hero of the Kalalau Cliffs) a
me (and)

Na Kahei oahi o Kamaile (The Firebrands, Bound and Hurled
Forth, of Kamaile)

Piilani, ka Wahine i Molia i ke Ola (The Woman Who Sacrificed
Her Life)

Kaleimanu, Ke Kiu Alo Ehu Poka (The Observer Who Faced Sprays
of Bullets)

Ka Hua o ko Laua Puhaka (The Fruit of Their Loins)

Ka Opio Haokila Iloko o na Inea (The Youth Steeled in Hardship)

He Moolelo Oiaio i Piha me na Haawina o ke Aloha Walohia (A
true story filled with lessons of love and pathos)

Alana a Hoolaaia no na Oiwi Hawaii (Offered and Dedicated to
the Native Hawaiians)

GENEALOGY

Kanemahuka, the man, dwelt with Keawe, the woman, born was
    Kaleimanu, a male

Nakaula, the man, dwelt with Kawaluna, the woman, born was
    Kukui, a female

Kaleimanu, the man, dwelt with Kukui, the woman, born was
    Kaluaikoolau

Hoona, the man, of Hilopaliku, dwelt with Kepola, the woman, of
    Kekaha, Kauai, born was Piilani, in the season of blossoms
    of the year 1864, the wedded wife of Koolau.

Kaluaikoolau, the man, dwelt with Piilani, the woman, born was
    Kaleimanu, the child borne lovingly in their bosoms.

———————

IN THE DAWN of a day heavy with drowsiness, when the dark clouds of Kane [one of the four leading Hawaiian gods] lay close along the high peaks of the celebrated, beautiful mountain of Waialeale, the lightning flashed from the north, around the corners of the earth. The sudden thrusts of the Kualau wind made the waves of the ocean boisterous and scattered the blossoms and leaves. The raindrops from Kulanihakoi [a mythical pond in the sky] fell and caused a murmuring at the sources of the streams and a turbulent flow. At this time Kukui strained in childbirth, and there arrived in this light and took the first breath of this life, Kaluaikoolau, whom we call by the shortened name of Koolau. Pokii, Kekaha, Kauai-of-Manokalanipo was his birthplace, in the winter season, in the year of our Lord 1862.

It is said that when Koolau appeared from his home where he had dwelt for nine months, he was taken from his mother and placed on his father's lap, and when he understood that he had received the gift he had yearned for, a son, he caressed his wife and said in a voice full of joy and enthusiasm, "My son Kaluaikoolau lives!"

At this his wife replied with uplifted thought, "Love to you, your wish is fulfilled!"

In Koolau's budding days he dwelt with his parents and family, alone, and after a period of ten days his beauty began to be perceived, and it was not long before the news of his arrival spread amongst the friends and relatives and the home became a gathering place. And he was called by some "Kaunuhimelomelo" because of the size and tautness of the various limbs of his physique.

Koolau was an important event to his family, on both the paternal and maternal sides, and he was surrounded with cherishing love . . . He was reared with care and vigilance, and his growth was unrestricted. And when he reached the age he was entered by his parents, in 1868, in the school of Father [George] Rowell at Waimea, Kauai.[6]

In a very little while at the school he displayed understanding and enthusiasm for his lessons, and his energy and alertness was unfailing. He also was willing and active in the tasks given him by the parents, showing his love and attention to their voices. In these days of his growth there was planted in his heart the reverence for the word of God, and the beauty of the sacred lessons was wound in his conscience. Therefore, with the growth of Koolau's body, these spiritual qualities grew also.

Thus he sought the learning of the school until he was grown and he was physically ready for work, between sixteen and seventeen years of age, and he spoke to his parents of setting aside school and going to work, and his request was granted by his parents with serenity.

Because of his alertness and industry, his adeptness and promptness . . . he was sought after, and he gained a position of trust for those for whom he worked. He became the foreman of the cowboys, under Mr. Francis Gay (Palani Ke), to be the head of this work over his lands from the mountains to the shores. He was also placed in this position over the length and the breadth of Mr. Valdemar Knudsen's (Kanuka) lands at Kekaha.[7] He divided his duties as head of the cowboys between his two employers.

At this same time there also was growing in this same land of Kekaha, a beautiful lehua blossom of the highest, a beautiful, nectar-sipping, yellow-plumaged Oo bird. Two years after Koolau's birth, on a certain night when the mountains lay serene under the lady moon and her million twinkling stars, when the wings of the dew spread the deep fragrance of the blossoms over the winds which moistened the faces of the *pali* [cliffs] and the mountain ridges, in the season of Makalapua of the year of our Lord 1864, there budded forth a soft and beautiful blossom without blemish: "Back as straight as a *pali,* face like the moon, no bumps or crookednesses," and her mother called her precious child Piilani.

As Piilani bloomed, she was surrounded and guarded and sheltered by her loving family and was taken nowhere but was always under the eyes of her parents and kin. Therefore not much was seen of Piilani . . . but as she grew and began to attend school her beauty began to be seen but was exceeded by her quiet voice which showed a kind and loving heart.

As these two young people grew and bloomed as flowers tended by a gardener, the thriving seedlings of yearning within the depths of their being twined together into deep love . . .

Because of the steadfastness of their attachment which could not be avoided, the parents of them both understood the words of the Great Book about marriage being good. And so Koolau, the Fierce, Brave One, and Piilani, the Beautiful One, were joined in sacred marriage in the middle of summer in the year of our Lord 1881, at Waimea, Kauai, by Father Rowell who had taught them, and they were united under the shelter of the Holy Trinity. Koolau was nineteen and Piilani was seventeen when they joined together on the wave which was to land them on the shores of maturity.

As the parents had hoped, the two young ones joined together in love and trust, making their home a place of warm peace and contentment. During this time, Koolau continued with the work for his employers, and he was trusted and became a favorite, since if anything was wished to be done, or it was wished to go up to the mountains, Koolau was called first, to be the leader. His name was celebrated because of the unerring aim of his rawhide rope and of his gun, in the times when the cattle were to be captured in the mountains.

At the end of their second year of marriage, in the dawn of a Fall day, in the year of our Lord 1882, at the same "birth sands" of his parents, at Kekaha, Kauai, the God of Gods gave them a precious gift, a beautiful son who resembled his mother. The young parents were filled with joy and called this precious one "Kaleimanu."

As Koolau and Piilani had been reared lovingly by their parents, so was Kaleimanu reared by them. And he grew in understanding and love until the time when his eyes closed in everlasting sleep in the unforgettable wilderness of Kalalau.

(My reader friend, at this place Piilani will begin to speak with you and you will become her travelling and listening companion to share the troubles, hardships and deep grief in the passage of time, to sigh together and weep together. Profound love. Kahikina Kelekona).

My husband and I lived together joined in the covenant of marriage in peace and good will and endured together all the deep troubles of a hardship unequalled in this life until his last breath when I returned him into the earth.

In the year 1889 there began to be a little rash on his cheeks, perhaps because of his hard work in the sun. After a while it would disappear but as I observed the appearance of my beloved husband, because I continued to notice the reappearance of the rash, disturbed thoughts began to grow within me. This became the constant subject of my thoughts.

Thus we lived with this source of worriment, never speaking about it, thinking that perhaps it was caused by his being always outdoors. However one day he returned home, bathed, put on his at-home clothing and came and sat down in front of me, taking the child on his lap. He said to me:

"Listen, my wife, look at my cheeks, do you not notice anything different?"

My eyes were on my sewing, without thinking of what he was going to ask but although I had already pondered this, I was startled. I looked at his cheeks and replied:

"Tchah! there is nothing different, excepting only the redness, perhaps it is because of the heat of the sun, in your work you have no protection from the sun."

He rubbed his cheeks and replied: "We did not work much today in the sun, mostly in the shade until I came home. Feel my cheeks!"

He bent his head and I ran my fingers over his cheeks, saying: "Your skin is smooth, as I understand it, perhaps it is from rubbing with the soap during your bath?"

"No, I noticed this difference first in looking in our mirror, and I have been noticing this reddening and my thoughts have been puzzled at the disappearance and reappearance of it."

This was the very beginning of our discussions about the puzzlement caused by this, and I understood by the way he spoke, by his words and voice and appearance, that within himself he was wondering, and at times a voice would seem to say "You are branded!" —yet it would be fended off by hope, saying "You will be saved!"

After this I understood by my man's behavior, in his deep unspoken thoughts his features showed the burden of dejection and sorrow and it was a source of pain and grief in my heart for him and for our beloved child. During all this time I uttered words of encouragement and hope, in order to diminish recollection and wonderment concerning this puzzling thing of which he had suspicions.

One of the main reasons of his being perturbed and which burdened my thoughts was because we saw these signs on our child's face and other parts of his body. For these reasons my thoughts were gloomy and my reader friends will understand the burden of sorrow on my shoulders, on seeing the child with his signs and the puzzled suspicion at the traces on my husband which were being revealed to us—who would not be filled with deep sorrow and love at the burden of the husband and child?

On a certain day there came to our house at Mana a man named Pokipala who worked for the government, who had come to fetch Koolau to be seen by the doctor because he had been observed by one who had suspected that he had leprosy, the royal disease, the disease that separated families.

My people of the same blood you can not conceive of the profound gloom of my thoughts at this time and those of you who have experienced this will know of the grief, and I joined those of you who have shouldered the burden and I know of the piercing thrusts of grief.

Pokipala, the government man, was civil in fulfilling the duty given him by his superiors, and he had power under the law of the land. My husband was taken before the government doctor and examined and the doctor decided that he had leprosy and directed that he be confined and taken to Kalawao, the place called by some people "the grave where one is buried alive."

When this decision was made known to Koolau he directly said before Pokipala that he was absolutely opposed and would not be taken alive to Kalawao unless his family could be taken too and Pokipala departed to report this to his superior. My husband told me all this and we discussed what to do. And we agreed to live patiently together in the hardships of this life, and that only death would separate us. We made a sacred oath before All-powerful God to fulfill this with determination and without retreat.

At sunset on a certain day when the wings of darkness spread over the ridges and rows of cliffs of our beloved land, in the winter of 1892, we loaded ourselves and our belongings on horseback and in the loneliness and awesomeness of the night turned towards the trail which would descend into Kalalau, leaving behind our "birth sands", without knowing when we would see them again or breathe the comforting air of our birthplace. On this journey were Koolau and myself, our child, my mother, and a child of my cousin, and our beloved guide, Kua Papiohuli. This was our elder one who guided us with care and ease, watching out for our welfare with true love.

Our horses moved easily on this journey, the trail was good

nor did we suffer the pinching cold of the mountain, and at the break of day we arrived at Halemanu, the mountain home of the beloved elder one, Kanuka (Valdemar Knudsen). There we rested a while to relieve the stiffness, and after resting sufficiently we continued the ascent, and when the sun rose at Kumukahi our feet stepped on the heights of Kilohana, and our eyes saw Kalalau spread out with its bosom beautified by the luxuriant growth of the high wilderness.

On our arrival at Kilohana we rested, enjoying the pleasant touch of the breeze and the beauty of the valley and ridges and the clustered houses of the *kamaaina* of this celebrated nook. Glancing up we saw the dark, thick clouds lying along the steep rows of cliffs and my husband bestirred us quickly to move on with our descent of the cliff because these clouds were the sign of the raindrops of Kulanihakoi (a mythical pond or lake in the sky, source of rain) which would fall.

Here our beloved elder and guide, Kua Papiohuli, left us as we shed tears of sadness at his solitary return with the horses, and for our wanderings henceforth along the edges of the marching cliffs of this famed valley.

We descended quietly down this precarious trail and perhaps halfway on this descent we were enveloped in darkness and raindrops began to pour down and scatter.

At this time we were on the brink of a cliff and clinging on without any shelter to escape the pelting of the raindrops and in a short while were drenched but we endured the cold and chill and continued to descend carefully until we arrived at Kahalanui, at Naoheiki's mountain house, where we would be safe. During this time when we were descending the cliff and enduring the cold, Koolau removed his cloak, keeping only his shirt and with loving hands he wrapped the child showing his constant thoughtfulness and love for the child.

You must remember, reader friends, from our departure from home we were absorbed in prayer, asking with humbleness and hearts truly repenting, that the Three Heavenly Spirits regard us with love, sprinkle their Holy Spirit over us and spread their wings as a refuge. Therefore, on our arrival at our refuge our first action was to bend our knees and give praise to the Heavenly One, and thanks for His care and guidance. We always remembered the Lord with the voice of prayer and in our hearts, never missing this during the entire time of our wanderings, troubles and sorrows.

During this time we lived with ease, saw and met family and friends living along the sides and shore of Kalalau. During those days my husband worked to procure our needs and at this time I observed the spreading of the elements of this disease, which separated families, on our child and on my husband. It was no different —a sort of reddishness on his cheeks would burst forth at times and disappear at times, however, there also began the swelling of the brows, showing that the disease was quietly persisting in its work in the various parts of his body.

After a great many days had passed, on one of the first days of the season of Makalapua in the year 1893 while I was sitting alone and contented at home, without any warning I was startled to see the features of Louis Stolz (known familiarly by the name of Lui), the Deputy High Sheriff of Waimea, of the estuary of the two streams. He and his companion had descended the cliff of Kalou to the descent of Kilohana, and arrived at the place of our friend Naoheiki, at Kahalanui.

In my thoughts I understood the reason for their mountain journey, however not at all did I display my alarm and doubt; I kept them to myself because my inner voice said to me: "You swore to be brave in support of your husband and child, therefore be brave for them." Thus I hid the surprise and alarm in my mind and understood that I could trust myself to be fearless and act with good will and justice. I stood and called them with a smile and welcoming voice, going to them and saying: "Come! Visit us. Come in the house!"

We shook hands and greeted one another and I entertained them with enthusiasm and good will as well as I was able in that time of our living in the mountains with sorrow and hardship. They passed the time, resting and conversing, and I asked about the relatives and they told me and asked about the friends of Kalalau. I told them everything truthfully which I had seen and heard. However, the first thing of which we spoke was about my husband. I saw the eyes of the Deputy Sheriff darting around the house, glancing here and there, and turning to me with a cheerful voice and pleasant expression he asked: "Piilani, where is Koolau?" I replied truthfully: "This morning he went to work in the taro patch."

"Afterwards, at what time will he return?"

"Sometimes he returns at noon and sometimes in the evening."

I asked Lui if he wanted me to fetch Koolau, and to wait, since he had not gone far to where he was weeding the banks of the taro patch. However, he replied "No, no, it is all right, I want to talk to Koolau, afterwards he can come down *makai;* I want to see him".

"Yes, if perhaps you two will wait he may come. You can see him and talk to him—that would be best."

"O, later on he can come down *makai.* How is he at this time: How is that sickness of his?"

"Just like it was when we were at Kekaha, not much, just a little reddishness on the cheeks sometimes, sometimes not."

"Ah yes," said Lui, "you tell Koolau come *makai* see me afterwards talk, that my thought."

"Yes, if you two will not wait, when he comes I will tell him what you said".

Then he roused his companion, Penikila, to go down since evening was coming and they started to go down to a house at the shore, first telling me they were going to go down and sleep at Kaumeheiwa's house that night and they would be there until their work was done. We shook hands and bid farewell, though I tried to restrain them for a meal, but they replied they would wait and eat at the shore at the home of the *kamaaina,* and they left.

After their departure darkness descended on my mind and the chill of sorrow stole into my breast, and the faces of my beloved husband and child came before me, and my tears began to flow and I was overwhelmed with grief—who would not be—seeing the power of the government come hither to sever the sacred knot of holy marriage, and cutting the golden cord between parents and child. Alas! Alas!

> The pinching chill of the spreading dawn—
> > I know it.
> The cold of the mountain dew that numbs the skin—
> > I know it.
> The chill of the rapid flowing waters of Waikoloa—
> > I know it.
> The other kind of chill—emotional disturbance—
> > I know it all.

My companions of this same race with whom I talk of this true story I am stringing as a garland of remembrance for my husband and our budding beloved child, if perhaps some of you were with me at this time and living with us and seeing what was happening perhaps you would not lack for sympathy, and truly see "Hanakahi drenched in the pouring rain", and enter into the depths of the era of wrong of those days. Because I had seen and heard the lamenting and sorrow in the snatching apart of husband and wife, parent and child, and the child from the bosom of the parent, but I tell you all, of this one race, you have not seen the overflowing cup if you have not seen this evil which buries life, over your own flesh and blood, and felt the power of the government to snatch away; then you will know the pain which I remember from season to season. Therefore, while I live I share my sorrow and burden and deep love for all those who have shared this single portion of grief. Profound love for us all!

I decided to go and reveal all that was in my mind to my beloved husband, and with eyes brimming with tears and hands crossed behind my back I went grieving and lamenting amongst the taro patches. As I went, wailing, our child heard, and with alarm he ran quickly and seized my skirt. I lifted him up and as I was wailing he wept also and asked me in a soft voice: "E, mama, why these tears which are wetting your cheeks?"

It tore my heart to have him gently grasp me around the neck and caress me, with his question—and how was I to answer him? I was unable to answer him but wept instead. Then my husband heard my voice and stood up and ran with startled face to seize the child, thinking he had been harmed, and quickly questioned me with trembling lips and eyes welling up: "E, mama, what is this, what is the trouble?"

I sprang to him, clasped them both, and quickly told him everything. He took the child on his back and we returned home. There I told him everything from first to last, weeping, while he listened without speaking. When I had finished speaking, he said: "Listen, my beloved wife, do not you burden yourself in your thoughts, because we know there is an end to all things. There is an end to things which have a spirit and things which do not; however, the end is in the hands of the Lord, who made the heavens and the earth, and since we have given ourselves into his hands, therefore we shall lift up the Cross and He shall lead our footsteps on the road which He trod for us to follow; for He is the one who knows the right, we do not. Therefore, take hope and end your brooding; give all your burdens with faith to our Heavenly Father and He will comfort and give you rest in the heart and welfare to the body."

At the end of his words filled with hope and reverence I felt the passing of the disturbance which had veiled my mind, like the passing of a great rain and the blowing of a breeze, thus it all disappeared and my conscience was filled with hope which banished sorrow, and we bent our knees and gave our rejoicing and praise at the feet of the God of Gods and prayed for guidance and shelter so that I found the courage to say to the whole world:

> With me, my husband Kaluaikoolau,
> With me, my child Kaleimanu,
> With me, you two, until the bones are laid to rest,
> With me, you two, until the final disappearance.

On the second day after the appearance of the government policemen at our house, giving the command, we heard the news that all the people who had contracted the royal disease were to gather at the shore by command of Lui, the Deputy Sheriff of Waimea, so he could speak to them. This command was obeyed by the population, and they gathered together. Previously we had discussed what we would do, since I questioned my husband in order to know and be prepared to do what he wished, which he told me, his wife whom he fully trusted. After our discussion we decided to obey the government officers and attend the meeting concerning our friends who lived in Kalalau because of the government's decision that the Board of Health would seize everyone known or suspected of having the disease and take them to the Place of Leprosy at Kalawao.

Everyone attended this meeting and after the Deputy Sheriff, Lui, had explained his reason for coming and given orders that all those who had the disease of leprosy were to gather with their belongings, prepared to be taken the next week. The question was put to the gathering as to who agreed and who opposed. At that time all the sick ones agreed except for Kaluaikoolau. He stood before the government officer and said:

"I first ask whether my wife will be allowed to go with me, the one I swore before Almighty God to care for, to become one blood with me, from whom only death could part me?"

Lui refused, saying "No! Your wife can not at all go with you —you and all those who have the sickness will be taken, no one else."

"I am denied the helping hand of my wife, and the cord of my love for her is to be cut, and I am commanded to break my sacred promise before God and live alone in a strange land; the power of man has severed the blameless ones whom the power of God has joined as one.

"The consecrated law of marriage has come to us and we swore on the holy book to live together in the time of food and of famine, in sickness and in health, to live together until death should part us, and now the power of the government wants to break the law of man and of God, making the oath before Almighty God as nothing. We swore to become one, never to leave one another and now it is commanded that we be parted. The love that is implanted in my heart for my wife shall never be extinguished and the oath I swore before God shall continue until I die."

His eyes flashed and his breast heaved as he stepped back, standing straight and expressed his firm determination not to allow himself while alive to be taken by the wrongful law of the land, which would not allow his wife to accompany him. The leprosy, said he, was a catastrophe in the life of a man, thus it was not wrong for a man to oppose the law.

These words by my husband caused our friends to ponder them, and at this time the representative of the government's power expressed his anger with boasting and scornful words. However, my husband did not consider these words which resulted from quick temper. Two days later the deputy left Kalalau and returned to Waimea, leaving his command that all who were branded with the royal disease were to prepare themselves to be taken the next week to the place called the "Grave where one was buried alive."

We returned to our mountain home, and in those days our friends came up and there were many discussions. My husband advised them to carry out their promise to the government, but that he himself would refuse until the end, since he had heard of how in the strange land the bones would be laid to rest without the knowledge of the one who should attend to hiding his bones;

whereas, here in the land of his birth, I, his wife, would, he knew, lay him to rest forever.

We awaited the time when the hand of the government would reach out to fulfill its command and early one morning a friend brought us this news: "Lui has landed with some police armed with guns, with the purpose of taking Koolau prisoner."[8]

When my husband heard this he did not show any signs of alarm but he smiled and there was good humor in his dark eyes and he said these words which I shall never forget: "Yes, they think that I shall be imprisoned by the sickness, but marriage is the only thing that keeps this body a prisoner, and the spirit shall triumph with that which He has given".

We were told of the instructions that Koolau should be taken alive if possible, but if it could not be done without shedding blood, to shoot him dead. But Lui gave the command not to harm him unless they were not in a position to defend themselves. Lui boasted scornfully before the people, saying: "Ho! You will all see—Koolau will run for the mountains and then he will become emaciated and have a big head; Lui will capture him and Koolau will be through in Kalalau. Lui will have the right, Lui will have the power over him. Lui's words are correct, you will see afterwards; Lui is not mistaken, Koolau is mistaken. He is stubborn and much too proud —afterwards he will cry".

When we heard these words my eyes fell on my husband, and I saw a smile on his face. As was his custom he was not in the least disturbed nor did his voice change. And as though he saw my eyes focused on him he said: "Perhaps it is true, perhaps it will be fulfilled that I will become emaciated and big-headed and perhaps I may lose the strength of those parts of my body, but not the support of my wife and our child; therefore let the harm be returned to the one who thinks it".

When he uttered these first words, I grasped that he was swearing an oath between himself and God, and he took his favorite gun which had been called by the name of "KAIMONAKAMAKE-LOA!" [Death afar in a wink.] He took this gun to his breast and caressed it and said these words of love and reverence: "My defender, the one of whom I always boast that in the wink of an eye the messenger of death goes afar, I command you to guard us vigilantly. As I have fondled and cherished you in days past, thus you must care for us in the days to come and when the last days come for us we shall be buried together. And I promise that we shall live in peace if we are not disturbed, but we shall fight with our knowledge and strength and fearlessness to protect us all from the enemy who attempt to overwhelm us. I, Kaluaikoolau, swear before God, my savior and redeemer, to fulfill all that I have said and may He help and guide me. It is offered!"[9]

My beloved friends who follow this story with me, who would not be awed by hearing these solemn words, filled with determination and fearlessness? And it is true, a stillness fell over all the ridges and places of Kalalau, and who is the woman who would not be filled with the determination to follow and to cling to her man until the end, if these words of steadfast love were heard? It would be a spiritless woman who would lack the power to help and endure the troubles that would ensue.

After this time, until the spirit left my husband's body, I completely understood his eternal vigilance to guard us, with his eyes always watching. While he was scouting everywhere he noticed a tent standing on one side of the valley and he understood that it had been placed there by those who would spy on him and he ordered some of his relatives to go and look and report to him.

At this time my husband thought of something, and told me that Lui was planning to ambush him and was hiding somewhere awaiting the opportunity. Because of this he recommended that we should all go down to the shore and we did so that evening. While we were going down along the banks of the stream at a place called Kahalii, we found Lui's raincoat and some crackers in the pocket and a blanket which we took with us.

When we neared the houses my husband crossed in front of us and met with his friend Penikila, the policeman, follower of Lui. While they were talking my husband asked where Lui was at that time. His friend replied that he did not know, that he guessed Lui had gone to Hanalei. But at this time he met with another friend, Peter Nowlein, Deputy sheriff of Hanalei, brother of Kamu [James?] Nowlein, and he told the truth, which was that Lui was *mauka,* spying at a place where he thought of overcoming and capturing Koolau with his own strength and craftiness. When I heard this I remembered how correct my husband's suspicions had been when he saw the tent. It was remarkable how he grasped the truth.

My husband went first and he arrived at Kaumeheiwa's house and there met many of his friends who were staying there. Upon greeting them he revealed his thoughts to them: "Hear ye, my friends, I want to tell you directly, I have come here to meet and see that *haole,* Lui, and some action may develop between us, therefore if some of you are afraid and doubtful it is better for you to be separated since the result of this is not known; therefore it is best to tell you first so you will understand."

Then he turned to Penikila, the policeman who was with Lui and said: "Penikila, you are no friend and are wicked in deceiving me about the *haole's* departure for Hanalei, knowing he was lying in wait for me. At this time you would be dead if my thoughts were as evil as yours. Your life is in my hands but I have friendship for you, and for all of you, therefore I place my anger upon the *haole,* the one who is spying on me and who has boasted that I would become emaciated and big-headed and that he would capture me. Therefore I will forget your evil deed and keep my friendship for you all."

However, Penikila insisted he was telling the truth, saying: "May I live by this. I tell you the truth, I thought the *haole* had gone to Hanalei because when he left me he did not tell me where he was going. He took his raincoat, saying he was sending someone to Hanalei, this was the reason I thought he had gone to Hanalei."

During this entire time my man was standing grasping his gun and his appearance was such as to inspire terror in those who saw him. Amongst our friends a few grouped together who had previously decided to stay with us; they were people whom the *haole* had decided to take, but the most of them left to go down to the shore with the police, since it was apparent that Koolau, the fierce one, had come with determination, and they were terrified although Koolau had affection for those of his own race and showed his true love by telling them to go elsewhere since the result of his meeting with Lui was not to be known. This is a verification of the good will and affection of my husband for the people living in this unforgettable place in those days of alarm and terror.

This night we stayed alone in the shelter of the darkness, with my husband always vigilant, his eyes did not close until the rays of the sun spread their beauty over the land, but watched and listened, prepared to sacrifice his life to defend his family from harm. It is true, my husband on this night guarded us well and I was awake with him.

Thus it went until the next day, when he stationed guards at the sides of the house in order to rest, instructing them that if Lui or perhaps one of his police were seen coming to awaken him quickly before their arrival. That day nothing was seen and we both rested, but we got the news that Lui was coming that night to capture Koolau, dead or alive. On the receipt of this news I saw no sign of alarm but he continued to be calm, stirring in my breast the words: "I am with you until the bones are laid to rest."

When it began to darken that evening, my husband bestirred us and we went outside to watch for Lui's arrival. We stationed ourselves a little distance from a gable of the house, where a rock stood, and we stayed close there. Iwa and Kala, two young men, were in the house at that time. We squatted near this rock, watching and listening constantly, without knowing what the result would be. On this night it was not completely dark, the moon had risen and it was possible to see dimly things close at hand, but we could not see far off. While we were by the rock all was quiet until 9 or 10 o'clock, when my husband heard footsteps on the road and he whispered in my ear: "Here comes the *haole*. I hear footsteps, there are two of them". He caressed me, saying, "Have courage, we may be going to die".

Shortly after, I saw the shadows of their bodies in plain sight of the house, and just before, we heard Lui's voice calling Kala, and then we saw Kala and Iwa running to one side, very fast, and Lui shouted: "Kala! You stand still—you take care! You stop!"

A gun was heard being cocked, and at this moment my husband protected me by putting me behind him, and with a flash of powder his gun was fired, and we heard the voice of the *haole* saying: "Hu! It hurts". The reverberations of the gun sounded everywhere, spreading the news of this terrible thing done on this unforgettable night. At this time we saw Lui's companion who had been with him as my husband had said; this was Paoa, a man who had the leprosy, who had been arrested by Lui on the mountain. Paoa ran to the place where the *haole* had been struck by the firing of the gun, while Koolau was going there, and began to beat the *haole*. Koolau was angry with him, saying he should be careful or he would kill him. At this time my husband called me to go away and while I was doing this I glimpsed Lui kneeling, holding the gun, and Paoa shouted, "He is going to shoot", and this was the moment my husband fired the second bullet, and Lui died.

My husband turned and said, "If I had been slow, I would have died before the *haole*". And I replied, "That is the truth".

And this is the truth, if Paoa had not been there at that time and if he had not called out those words "He is going to shoot", my husband would have been killed and I would have followed him, since the *haole* was prepared to shoot. This was the 27th day of June, 1893.

At this time my husband went and told what he had done, and a man named Pahee was sent to go and tell everyone of Koolau's actions, which he did not hide, but said "The *haole* Lui is dead, it was I who shot him with my gun". Wahinealoha was the first person to arrive, and to hear these true words by my husband. He had been sent by Penikila to watch over the body of the *haole*. We carried his body to the *lanai* of the house and laid him on the floor. At this time, shortly after the gun was heard and it was known that Lui was killed, Kaumeheiwa quickly boarded his canoe and paddled to Mana to take this news, and also because he was afraid. He got to the house of Mr. Faye[10] and from there the news was telephoned to Waimea.

At dawn the next day my husband roused me, saying: "My work is done, I have escaped with my life, and now, let us go up to the mountain, to await the result". Then we quickly left the shore and went up to the mountain, followed by Paoa and some other people. When we arrived upland, the ship Waialeale had arrived from Hanalei, sent under the direction of the government to get the body of Lui. During this time we went and stayed in the house, awaiting the result, as my husband had said that the soil of Kalalau was that which would cover his bones, and that I was the one who would perform this hiding of his bones, as I had sworn.

While we stayed there we did not see any of the police upland, and everything was calm. One day, Paoa began to go down to the shore and on the way he met some friends from the shore who were alarmed and told him this startling news: "E, Paoa, return upland, as death is coming here. The Iwalani has landed police and soldiers, armed to come and fight with Koolau, and there will be shooting in Kalalau until they get him dead or alive, it is not known which!"

When Paoa got this terrifying news he was filled with fear, and who would not be at these preparations for war—for my husband alone had come a ship filled with soldiers and arms. Breathless and trembling, Paoa came to the house and told us the news, thus: "Hear ye, your death is at the shore, it has arrived this morning and it seems as though we all will be killed. The steamship has arrived with soldiers and guns and you will be taken and shot because you killed the *haole* Lui—this is what I have to tell you all".

Fright descended on everyone's features, cheeks paled, and silence fell upon us all, but at that time I placed my hope and trust on my beloved husband. I saw him bend his head, and then raise it, and with eyes filled with love and a soft voice he gently said these words of manhood, for the second time instructing us:

"Yes, it is indeed possible that my death is coming, what of it? Death is the end of all men, and man only dies once. And who would not be killed, with a warship coming here with soldiers and arms; therefore, how shall Koolau alone escape? But Jehovah is my saviour and I place my trust in him as a fortress and refuge for me and us all. I shall not go back, I will remain alone, you all shall return. For me alone is this death which is swiftly pursuing, your lives might be needlessly harmed. Therefore my wish and command to you all, my people, is that you all return to the shore to avoid trouble. This is the time to seek life, it is not good to delay, and do not wait for me since I have sworn that I will not be taken prisoner until my last breath. If there are thousands of them with their guns it is my dead body they shall capture before they take me alive. Therefore, return, and if it is heard that Koolau is dead, then remember these words of instruction: it is better that my one life should be sacrificed and that you should escape, who are blameless, and should not suffer from the raging hearts pursuing with the messengers of death. Therefore, fulfill this—if we meet again, this is a blessing from God, and if this is our last meeting in this life, then my great love to you all, each and every one, and you take, and give me love. Grieve for me with our friends, and this is my prayer, which rises to the feet of our Heavenly Lord, that He care for and watch over us all. Farewell to you".

While my husband was speaking to our friends, I wept and if you had been there with me, my readers, you would also have wept for sadness. Because of my husband's words our friends began to discuss and question each other's thoughts, and I understood their idea of staying with us until the end, and they said: "We will not agree to return to shore and wickedly leave you behind. Better that we all stay together until the end, since we do not know what will happen if we go, perhaps we will be captured and killed, therefore we will stay in the mountains and if it is life or death, we will all be together."

I knew that my husband was filled with deep love at these words but he gently replied: "Hear me, all of you, your words are true, but we all know that death is coming with those soldiers and guns, and since you have no guns or bullets, and we are lacking in these needs, your lives would be in danger without being able to defend yourselves—we would all be exposed to their firing. What is the value of my one gun? Therefore, listen to me, and perhaps we will all meet again under the Lord's guidance".

Because of my man's good words of advice these friends decided to carry out his instructions and return to the shore and they began to prepare for departure. At this time my husband turned to me, with tears, and said: "Hear me, my wife, my companion who has faced with me and our child, the troubles and hardships that are coming, this is perhaps our final goal, when God will separate us; therefore I have pondered and have decided to send you away to return with these friends of ours. Because if you two stay you will be harmed and I am grieved to think of our beloved child at this time. Therefore it would be better for you to go and leave me alone. Remember, I am only one, and there are many of you and if you linger perhaps we will all be harmed, therefore since I am being sought it is better that I alone die and you all live."

These true words of love by my husband for me and my child were set aside by my conscience, because I had made up my mind that nothing in the world would change, until the end, and I told my husband this, swearing firmly with these words: "Under heaven and before Almighty God, I swear that I will never consent to your thought, nor fulfill your command. I shall never leave off following you until death shall separate us, and by this oath may I die an evil death if I do not fulfill this promise to sacrifice my body and my life—amen".

Because of this oath, my husband ceased to urge me to leave, and he embraced me and the child. We met in farewell at this time with our friends and our *makuahine* [mother or aunt] and with their last sight of our faces, without knowing whether this was to be the last time, they departed, leaving us alone, the three of us, in the awesome wilderness of Kalalau.

When our grieving friends had left, my husband bestirred us to quickly climb up to a certain high place, and so we arrived at a place called Waimakemake, climbing up the side of the stream and perching ourselves above. We camped on a promontory where we could sit with our feet swinging, a high steep cliff at our backs and a steep descent in front. We were veiled on the right and left by growing things, leaves and creepers, and so could not be seen.

You must understand, reader friends, the nature of our "house" in which we dwelt in those beginning days of the death which was pursuing my husband. The sun above in the day, the dark clouds of Kane at night, the rows of promontories was our world, the creeping, clustering leaves were our ridgepole and shelter, the dew was our cloak in which we huddled. We had a little finger-dip of *poi,* a little dried eel and that was all we had at this time—no water, and we got the dew off the leaves, but we endured it all with our child.

When the sun descended into the sea in the West, and the wings of darkness spread over all the ridges of this place, it was awesome and lonely, but it was not long before the moon rose in its beauty and the moist breeze of the forest stroked us, and then the friendly voices of the land-shells began to sound everywhere as hopeful voices:

> Within the seconds, the minutes and the hours,
> Within your loneliness and sorrow
> Within the flowers, the leaves and every thing
> Within you and without, I am with you.

When the dawn appeared we began a prayer of praise to the Heavenly Power because of His care of us; then we were startled to hear shouting below and we realized that we had been guarded by the Holy Spirit. We heard and understood without mistake that from the voices of the *haole* and the sound of their arms, this was the army of which we had heard, who were attempting to carry out their boast to capture or shoot my husband. My friends and readers, you should know how filled with terror I was at this time,

but I fended it off with bravery and the determination to be fear-
less, but I understood with inner chill and alarm that we were face
to face with death.

While we were sitting there we heard the shouting of voices,
and at this place, my friends, you will learn of one of the wicked
and wrongful deeds which the P.G.s did with great arrogance. They
and all the people whom the power of the Provisional Government
had sent to capture Koolau, by their actions became despised by
those born with Christian consciences. On the arrival of these P. G.
soldiers with bloodthirsty hearts at Kahalanui where we had been
living, when they understood no one was there, because of their
rage they began to burn the houses and all the belongings. We heard
the sound of fire and the crackling of things burning, and the glow
and smoke rose up to the skies and our hearts were filled with
sympathy for the destruction of the houses and belongings of people
who had done no wrong. This was Naoheopio's house, which had
sheltered us, also Paoa's and Koala's houses. Because of my husband
these people were angry—my husband who had no rights in those
houses, which were taken and burned, with others' property. They
stupidly thought by this that they would frighten and capture my
husband. This was the wickedness and worthlessness of these
impertinent P. G. soldiers' actions towards the blameless ones and
their houses and belongings. Because of these actions my husband
and I were filled with rage, and if perhaps we could have gotten
some of them we would have wrung their bones and fed them to
the fire. Until this day I am not done brooding over these plunder-
ing, burning, thieving P. G. *kolea,* the birds who came to fatten on
our land, who came as wanderers and arrogantly lived on the sweet
breast of our native land. It is not good to continue to find fault,
we are advised about these P. G., but I decided inwardly that be-
cause of these actions of burning the houses and their coming with
a great army and rifles and cannons to shoot and kill my husband,
who was alone on his side—these were deeds shameful before the
powerful governments of the world, and because of these reasons
my mind is made up never to forget or forgive for the rest of my
life.

Many years have passed since that day and times have changed.
Some of them have left Hawaii, but some still live amongst the
natives of the land and some sleep in the everlasting sleep. Until

today, I believe if those of them who remain alive remember this burning that they [the army] did, there still would be no apology or blame for themselves, or thinking of the houses they burned, or certain people taken captive and held by their power—people who were blameless and who had not opposed them and had obeyed their commands. And by these deeds who was harmed? It is understood that the ones whose property this was were blameless, and had not joined with my husband, and the harm which they thought to place on Koolau was placed with terror and trouble on the blameless ones while they were obeying the commands of that army that burned their property. I think, myself, that not a heart amongst the consciences of the world of men born with a little love in their hearts would condone these deeds.

We listened quietly to the noise and understood that the soldiers were climbing up to our place where we sat. It was not far, but we could not be seen or see because of the vegetation. Then we were again startled by the firing of guns, and bullets began to strike, with reverberations of gunfire. Some of the bullets struck above us and showered dirt and stones, but not one harmed us. My ears heard, for the first time ever, the sound of the bullets.

We heard the voices of the soldiers and their trampling footsteps, and the continuation of the gunfire; the smell of the powder rose and the bullets cracked around us into the cliffs. At this time my ears were deafened and I was full of alarm, but I looked at my husband and he uttered hopeful words, and his expression inspired bravery in me, so that I hugged our child and spoke lovingly to him, fear having disappeared, and thinking that this was our end and only a short time remained before our death. At this time I saw my husband peering and gesturing, and when I looked I clearly saw a *haole* standing just in front of us where we were sitting and I saw the red woolen underwear he had on, and while I was looking Koolau's gun fired quickly and I saw him fall and heard the sound of his body rolling and a shrill scream. I also heard the shouting voices of the soldiers and the trampling of their feet and crackling brush, and we understood that they had all fled. That was when my husband said: "Aha! My death was coming here, yet here the soldiers are being taught to run! Perhaps Koolau is truly a big head!".

After a short time we heard the shouting voices of the people far below and after awhile we began to be fired upon again, and the bullets struck all around except the place where we sat. The rifles continued a barrage until evening and then lessened, when my husband crept to where the *haole* soldier had stood and got his gun and after we had examined it we threw it far down the precipice where it could not be found again by the soldiers.

That night the firing continued, however, not as during the day, but on the second day it began again with the bullets striking on every side and there was powder smoke everywhere. On this morning my husband bade us take off our old clothing and put on new garments, so as to be dressed properly for death. At this time, my husband uttered this thought: "In the midst of this trouble, if I see that nothing remains, then I will shoot you two first and then shoot myself and we shall all die together, then we shall not see the wicked deeds by these *haole* P. G.". I agreed that his thought should be carried out before the end to avoid harm at the bloody hands of the soldiers. At this time we began to lose our doubts and the striking bullets around us seemed as nothing—we lived without fear or doubt.

As they had done on the previous day the soldiers again began to move up and we again faced their messengers of death, but we understood without doubt that God was with us, our refuge from the bullets pelting all around us. We heard the firing coming closer and also the voices of the soldiers, and we carefully watched the place from whence the voices came. While we were watching my husband pulled me close to his side and pointed and I saw one of the soldiers standing by an *ohia lehua* tree. He took off his cap and hung it on a branch and began to peer through the leaves. My husband raised his gun and said "Watch carefully!" And on the instant, his gun sounded and reverberated amongst the ridges, and I saw this soldier's hands thrown up over his head and his body whirled and fell down with a rustling of the brush. I heard voices full of alarm and I again heard the trampling of feet and knew that the P. G. soldiers had fled again, running very fast, and this was the second time that my husband's words about teaching them to run were fulfilled.

Afterwards, we again heard voices far off, and were again peppered as before with bullets. They continued to advance from either side and bullets struck above and below us but the remarkable thing was that our place was spared.

The firing continued without rest for four full days, and then hunger and thirst began to trouble us. There remained no leaves close by for us to quench our thirst by sucking them. We wept to see our child suffer from hunger and thirst and who would not, since he was so young and weak. We were patient with the child and we all held in until night fell, and the dew moistened our dried lips.

Remember, my friends, who are patient with us through this hardship, the sun had set on the fourth day and on this night we had neither food nor water from the second day except that patiently gotten from the leaves. As this evening fell, I saw my man sitting quiet with tears running and understood the sorrow in his thoughts about the child, and after a while he said: "Hear me, my wife, I see that there is no good in remaining here. I think we should leave this place and seek another place for us to shelter. The soldiers know we are here and they are preparing for the end. Therefore let us leave this place and go down and go past that side and then climb up again, and there we shall have water and food. By this turn we shall be saved, since the enemy will continue to think we are here and they will continue to fire here."

My husband's idea was a good one and we prepared to leave our little fort where we had endured, with love. He went first, and then the child, and last of all myself, in the descent. With care and extreme caution we crept through the brush, and I saw the patience of our child, because there were many wounds on the soles of his feet and his fingers were paralyzed, but we never heard him wail or sigh, and he always listened to his father's voice and obeyed.

We descended quietly in the dark and perhaps halfway we heard the talk of the soldiers and began to creep cautiously along the steep brink of the stream. Thus we proceeded cautiously until we got very close to the place where these people were talking loudly, and we passed by without their seeing us, and after we were far below, descended to the stream and quenched our thirst. We continued to go quietly in the stream and got onto the opposite side, enduring the difficulty of negotiating the rocks and the force of the water and the slipperiness, but we were patient.

On the opposite side of the stream we went on until we found a small depression and rested there, in this place which was called Koheo. There we rested until daylight. Then we continued to go quietly through the forest and when we got close to the house of

Kelau and family, at Kaluamoi, my husband settled us there while he went to seek food for us at the houses of our *kamaaina* friends. He went cautiously, hiding in the bushes, and when he was close to the house he saw a group of the *haole* P. G. soldiers smoking and playing cards, and laughing, and he also saw some Hawaiian friends sitting in a separate house. When he saw this he realized he did not dare to venture alone before those many people, therefore he returned without any food and we remained hungry while he told me everything he had seen.

We sat quietly wondering what would be best to do, and at dawn he stirred us to move again to a place that would be better and we carried out his command. We began again to climb up steeply, and down, and up again on that side of the valley and then when we had climbed patiently up steep and precarious cliffs and entangling undergrowth we arrived at a little nook which was called Limamuku, perched above the waterfall, and there we camped. At this place we were saved from our hunger, for a bunch of ripening bananas invited us to satisfy our hunger and the combined bubbling mountain streams gave comfort to our bodies, and we praised the love and boundless blessings of God to His wandering servants.

This place was very comfortable and we were sheltered from the heat of the day and the cold and rain. On this day, while we were resting our weary bodies we were startled from our dreamy state by the thundering sound of a cannon echoing in the ridges and valleys. The smoke rose up from a place called Punee and the cannon balls struck above Waimakemake, the place we had formerly been. At this place, my friends, the goodness of God was remarkable in leading my husband's thoughts for us to leave that place the night before, and He led us to the height of Limamuku, our place of refuge where we rested quietly and watched the actions of the enemy with their dark thoughts of raiding. The P. G. soldiers continued to fire above Punee, and the earth and rocks of our little home flew about, and love welled up in us for that nest in which we had sheltered, because of its being needlessly harmed. But the birds had sprouted wings and flown elsewhere. "The Puulena (wind) has gone elsewhere, it is at Hilo, sought by Papalauahi," said the ancients when someone was mocked for being off-course.

At this time we began to live comfortably but with continuing vigilance. It was possible for me at this time to go cautiously and in sheltered places at the stream to fish for fresh-water shrimps and gobey fish, and also get some taro which we cooked with great caution, since we had enough matches because of always being very careful with them, and we were careful with the fire, lest the smoke be seen. Perhaps one week after this, it was very lonely and we heard no more gunfire and we decided that the P. G. soldiers had left, thinking we were dead, since Koolau's gun had not been heard, and who could escape their bullets which had been fired all around the valley? They went away and left the victorious Kaluaikoolau, the fierce brave one who had stood alone before the numerous P. G. During this time of living in loneliness and inaction, for a long time afterwards my husband would not allow us to show ourselves, but kept us hidden since our future was obscure. We lived here with ease for perhaps a month, without being ambushed, since my husband constantly scouted the entire area. Therefore he decided we could go down to where the taro grew and we went down to the bank of a stream at a place called Oheoheiki. This was a place where taro was cultivated by the *kamaaina* of that place where the cliffs faced each other. The taro grew to the base of the cliff and there was forest on either side, and there we were accustomed to take some taro and some *luau,* the green tops of the taro plants, and from the stream we got gobey fish and fresh-water shrimp and fresh-water shellfish. There was *hoio* fern, whose tender tips we ate, and with the fruits of the upland, we had sufficient food and plenty of water to drink. We found this place had shelter and enough food for the welfare of our bodies, and we made this place into a home. In the daytime we left this place and went into the forest to hide, and at night we retreated to our place where we slept. We lived in this way for almost two years and during this time we often saw our friends, but they never saw us, and they had no idea that we were living here. I was told long afterwards that they had two ideas, the first being that we were all dead, that Koolau had shot us all, or else, we had been killed by the soldiers of the Provisional Government; some of them thought that we had gone away to Kekaha and hidden there. There was no lack of conjecture by our friends, but since we disappeared so completely for such a long time, they became indifferent.

Remember, my friends who go on this road so patiently with

me, during this entire time we saw friends of ours come very close but we never showed ourselves and they never saw us and we never spoke with anyone else during those many, many months, and almost two full years of living as a trio in the uplands, never hearing of how the people and our many friends were faring. We would recollect, and the tears would come. Perhaps we might meet and see them again, perhaps not, these things were hidden from our knowledge, only God in heaven knew.

While we dwelt thus in dreamy loneliness, on a certain good day I had gone to pull some taro for us and I wore at this time a tattered *holoku* and some trousers I had sewn for myself, and I wore my husband's coat and cap. While I was pulling taro, I heard something startling, a man's cough, and I quickly burrowed under the taro leaves, with my eyes looking hither and yon, and quietly listened. Then I heard voices speaking above, and upon glancing up I saw Willie Kinney, that *hapa-haole* [half-white] famous as a sugar-cane boiler, standing above us on the road which went up. He was whistling and I saw Kelau and Keoki appear and they stood together. I ran quickly to the place where my husband sat and he, seeing my alarm, asked me "What is this that makes you breathless?" "What indeed—there are some men, Willie Kinney and others—they are up there".

"Did they see you?" "Yes, when I was seen there was a whistle."

"Let us hide." Since we were taken by surprise we ran, and the child and I crawled, getting bruised and scratched, and lay quietly while Koolau stood up outside, holding his gun. When these people had first seen me they had mistakenly thought I was a Japanese stealing taro, because they had heard that a Japanese thief had fled, and because of seeing me in my husband's clothes. But when they saw us they said, "That is no Japanese, I think Koolau and others are here."

Then Keoki came and looked at Koolau and they realized their mistake and they came near. Keoki came and shook hands with us and also Kelau and Kinney. Koolau asked if they had intentions of harming us and they replied, "No, have no doubt, there is only friendship".

These friends spent a little time with us, with many questions, back and forth, and we told them the story of our wanderings in hardship and trouble, and they told us all the things which we had not heard of for such a long time, concerning our family and many friends. You must remember, this was the very first meeting and exchange of speech with others than ourselves, from the time we were fired at and pursued by the soldiers of the Provisional Government. It was a joy to return into the world and hear all the news, and we seemed as persons who had died and come to life again. When we had finished our exchange of news and they were about to leave, they shook hands again with us and at this time Willie Kinney said to my husband: "E, listen, if you see a steer and you know it is mine, take it for yourselves. I give it to you".

Koolau gave him full thanks for this expression of aloha and kindheartedness, but affirmed that we had enough with the gobey fish and fresh-water shrimp of the forest streams, but this friend reaffirmed his kind offer. After their farewells they turned homeward and we were left a threesome again, with good thoughts of this pleasant meeting with those friends. It would be well for me here to speak of my husband thus: In spite of this generous offer by Kinney and though he often saw Kinney's cattle, although we lacked for beef and longed for it, my husband never took advantage of an offer he could not repay, but urged patience on us with that which was available.

On the next day we were startled again at seeing two people coming up on the road, but our alarm was ended when we saw Kelau and his wife Keapoulu; they came and met with us, and we wailed together in greeting. They had brought us some clothing, matches and a bag of fish, dried *moi,* and some other things we lacked. When they left, that was the last time we met and talked with any living person until our child died, and my husband after him, and until my return to the home in my birthplace at Kekaha, Kauai. It was three years and five or more months of wandering life in the wild valleys and rows of steep cliffs, in the midst of an awesome loneliness. We set aside love of parents and family, cast away our fears and sighs, and I sacrificed my life for my husband and child, so beloved to me. I followed them, went everywhere with them. In our living and our sleeping I was always there to watch over them and work for them, care for them, feed them and to die for them if necessary.

After this we began to wander, never staying anywhere more than one, two or three days in one place, when we would leave and move on. Thus we were missed by the friends who came seeking us, since I learned after my return to Kekaha that on the day after Kelau and his wife had returned to the shore and told of meeting us and where we were staying, many, many friends had come up to see us, bringing equipment and vegetable and protein foods, only to find on their arrival that we had been carried off like a puff of smoke by Koolau, to live in the deep gloom of the mountain forest. We had great affection and longing to see and meet our friends, but for some reasons which he had explained, he had become suspicious and wary and he had made up his mind that we should be completely hidden until the end, and his thought was fulfilled right up until the time his cold body was laid in the immeasurable depths of the earth. There were attempts to follow our tracks, and we were followed to places where we had been, because of the affection of our family and friends, but they never got the least glimpse of us, because we were hidden and cloaked in secrecy by the alert one of the Kalalau cliffs, the brave one who singly had routed the soldiers of the Provisional Government to their harm and frustration; and he lived as an *alii* on the famous heights of Kamaile, from whence the fire was flung.

Listen, my companions who follow the traces of this story, you must understand that we went into the deep gloom of the mountain forests which sheltered and covered us and we were hidden from the fringes of civilization, and our senses of sight and hearing were as those of wild things in following the signs of man. During this time of living as a threesome, we were well and we had sufficient to eat and drink. We lived thus with ease, and then our beloved child began to show the spread of the disease upon his body, and he became very weak in his limbs. Thus his strength ebbed away and he began to weep constantly because of the pain in his stomach. We attempted with what herbs we could find in the mountains, to help him, and at times he would be better, but then it would return strongly. This was the beginning of the burden of sorrow upon our shoulders which became entwined in our thoughts. We attempted by every means to alleviate the illness of our child, but we understood that his end was near, and that the noiseless hand was reaching out, which is the end of all mankind.

During this time when the child was so extremely weak, he was never a burden, nor did he complain, but his intellect continued to unfold and his conversations with us were such that the heart of the parent can never forget. We never neglected our prayers to the Lord, and we, his parents, gave him into the hands of He who made him. Thus he quietly ebbed away, until, one day, he gestured to me, and when I went to his side, he put his arms about my neck and rubbed his cheek against mine, and I saw that his lashes were wet with tears, and he whispered: "Where is Papa? I am going to sleep."

Because of these whispered words, my grief caused me to wail aloud, and the father, hearing, ran and caressed his son, and we understood that he was within seconds of his last breath. We attempted to speak with him, calling him, but his ears were done hearing, his eyes gently closed, his last breath flew away, and he was asleep in the Lord, his Saviour in the beyond. While I am remembering and telling all this, his features return to me as I saw them at that time, and they are before my eyes, seeming to me as though I still see his smiling face as he lay in the leafy house below the rows of cliffs. It seems as though he was dreaming of entering into the host of angels of the Lord rejoicing together with them in hosannahs, having attained eternal life in that holy kingdom.

> Farewell to thee, my flower garland, curled under a blanket of dew
> Farewell to thee, my flower garland, of the raindrops striking the skin
> Farewell to thee, my flower garland, patient in the heat of day
> Farewell to thee, my flower garland, patient under sorrow
> Farewell to thee, my flower garland, ignoring hunger
> Farewell to thee, my flower garland, of the lonely, uncomplaining voice
> Farewell to thee, my flower garland, sipping the moisture of the leaves
> Farewell to thee, my flower garland, of the mountain house without a ridgepole
> Farewell to thee, my flower garland, of the sacrificing heart for the elders
> Farewell to thee, my flower garland, facing death by the P. G. guns
> Farewell to thee, my flower garland, lying at ease in sleep from season to season
> Farewell to thee, my flower garland, the watcher of the Kalalau cliffs

O my reader friends, how can I tell of the grief and sorrow which came upon us, the parents, in the mountainous wilderness? Greater was the sorrow upon your friend here, because, while the tribulations were great while the child was weakening, until he left us, when I looked at my husband I began to see the differences in his health and in his features. There joined with us in our wanderings continual sensations of alarm, causing sorrowful thoughts inwardly. But yet, with all these sorrows, I set aside hesitation and bound myself to hope, constantly to thoughts of the day and hour of escape.

On the side of one of those steep cliffs of that famous valley, at a place where an ohia lehua tree stood, surrounded by ferns and ginger and entangled by the growth of the wilderness, there we dug a grave in a place where, on the side of the mountain, the sea and the shore and the valley were spread out to be seen, and when it was deep enough we spread it with the tender leaf buds, and gently laid him away. Our voices prayed to Him who gave and who took away, and, garlanding him with the forest leaves, we filled his grave with stones and earth, leaving him to sleep—ashes to ashes, dust to dust, until the day of judgement. Profound love to the one who was gone, and profound love for us who lived as a duo, with sighs and grief for him.

O mothers who have experienced this sorrow, or perhaps will after this, I too, I, this friend, am with you, in the embrace of love and sympathy, yet perhaps you will realize the burden on a weak woman with no soothing voices of the many friends and relatives to alleviate the pain.

When the child was buried, we lived there together a while, guarding his sleeping place, and afterwards we began to move to different places, and thus we lived from place to place, never staying long in any one place. During all this time we had sufficient things, available in the wilderness, to sustain life, and during this entire time we never met with or spoke with a living person. We saw some people at times, but they never saw us, and it seemed as though we had been completely forgotten because we were thought to have died long before.

Our wanderings continued for almost a year after our child had died and then my husband began to show signs of the sickness exactly like those of the child, pains in the stomach. Because they increased so, we returned to a place called Lanikuua, and there we rested. In the time after this we understood that the sickness was like that of the child's, and we sought various herbs in an effort to

medicate, but the disease would disappear for a time and return
ever more strongly. After seven months when his strength prevailed
over the sickness, weakness began to overcome him until, almost
at the end, he intimated to me that he understood his death was
near. On a certain day he called me to his side and when I obeyed,
he said:

"Hear me, my wife, perhaps you have understood my troubles,
since I know inwardly that I am weakening, and it is almost time
for me to follow our child and leave you all alone, and how will it
be with you? I would have thought that you would be the first to
leave; I would have thought you would have been discouraged
and bored with the burdens and troubles and hardships of our lives,
yet not so, you have remained close and most patient with me and
the child, our beloved who is gone, and you and I have lived in
hardship, until this time. Now I see that it is I who must leave you.
What indeed, now? We have lived together, looking to each other,
and when I go, you must end your residence in this place, and turn
towards the homes of our families and give them all my love. Tell
the truth if you are questioned, saying that mine was the trouble,
which you and the child followed with me to the end, and that you
fulfilled the oath you swore. And my only command to you is,
when the time comes, that you bury my gun with me, we will sleep
together in the belly of the earth, because you had nothing to do
with the gun; I alone was the one who used it, and when I go, we
go together. When my work is done, its work in this world is done".

These were days when I lived in sorrow, my cheeks were often
wet with tears, seeing the body and features of my husband quietly
ebbing away, without being able to help and save him, although I
tried, with every means available to me. I completely understood
the depth and strength of the sickness that was spreading through-
out his body, and could only wait for the return of strength, or his
final departure from me. Two weeks before his death, his mind
began to wander and at times he would speak without knowing of
it later, thus he continued before he left me, his thoughts and recog-
nition of the world of men disappeared completely, and he was in
a coma this day until night, and in the middle of the night, during
the turning of the Milky Way, the light in the house that was Kaluai-
koolau was extinguished and his spirit returned to the One who
made him, leaving only his clay behind for me to lament over—I

alone in the awesome loneliness which was peopled only with the voices of the land shells, which seemed to lament with me in those hours before the break of dawn.

When the sun began to spread its warming rays over the land, and the cliffs and ridges of that beloved valley were spread out, Koolau slept quietly in death. I, his companion, laid him out lovingly, with a *lei* of *lehua* and ferns on his breast, with his favorite gun resting by his side, grasped by his right hand. I rested my eyes on his face and all the memories of him returned, and how, my reader friend, can I tell you of the strength of the outpouring of grief which tore at my breast. Love most profound, from the empty-handed journeying after our child was gone, the two of us on the path together, and then myself, the third of the journeyers, beating my breast and wailing alone on the pathway of loneliness, with only the disembodied touch of the wind, with the aching feeling that this was the spirit of my husband moving noiselessly. Who could deny the loneliness? The eyes had closed, the voice had ceased, the breath had flown, the torch was out, leaving the body to be returned dust unto dust—intense love, my husband, the telling has been fulfilled.

> There is a season for the blustery winds
> There is a season for the gentle breezès
> There is a season for the buds to open
> There is a season for the thick leaves to fall
> There is a season for the rains to drench
> There is a season for the rays of the sun to swelter
> There is a season for every thing
> There is a season for all the seasons—death.

When I had done laying out the body and wailing for him, I began to think of a place to return him into the earth. I went looking until I found a nook deeply sheltered by the cliffs and hidden away in a sheltering tangle of *palai* ferns and ginger, and I decided that this was the right place to shelter his bones, and there I dug a grave. My friends who are with me in this story of loneliness must remember that in our wanderings in the wilderness we did not have the things and supplies that a householder would have, and I only had a small knife and adze to dig a suitable grave with which to do this work which was awaiting me, and I worked with all the strength of my hands and my woman's body to make the grave, being determined that there should be no abuse of his tabu until the end.

I dug all the first day until evening, and had only done half the depth, and I returned and slept that night by the body of my husband until the dawn. On this next morning I began to dig again until the day began to end when I saw that it was deep enough. I spread out the fragrant leaves of the forest over the earth on the bottom and sides until all was ready for the last task, fetching my beloved husband's body. I knelt by his side and sent my prayers to the feet of God in the high heavens, then I lifted him onto some branches and dragged him to his final resting place in the beloved soil of his native land. There I laid him to sleep with his favorite gun on his breast, fulfilling his last command to me. Giving praise to the Heavenly Father, I covered him over with leaf tips and the earth swallowed up and hid him, returning dust to dust, ashes to ashes, in the name of Almighty God.

I covered him and his belongings over with soil, and then a layer of flat rocks, and then more soil, and then more rocks, with soil above all, like the surface of the earth. I planted all around with slips from the forest, kissed the earth and left him there sleeping the sleep of seasons. Leaving his chilly home I turned away and went weeping with the burden of sorrow upon my shoulders. That same evening I stood up and left that place where I had dwelt and endured with my husband, who indeed could stay when the husband, the companion of this lonely place was gone? I turned towards the path that went shorewards to a place where I could be close to the habitations.

As I was descending in the dimness, my eyes gazed at the crannies and ridges where we had gone patiently with our beloved child, where we had huddled together in the chill, and a vision of their faces and the remembrance of them brought tears. Remembrance of the days of youth, of the love for the land of our birth and of our numerous family who would not see the two of them again, of my hiding of them alone, of our going together, sleeping together, and enduring together all the sufferings and hardships. Remembrance of facing death together from the bullets fired everywhere by the Provisional Government soldiers; remembrance of the banks of the irrigated taro terraces, the valleys and steep ridges where we had gone together—*auwe,* the aching pain of grief—*auwe,* my husband and child, *auwe,* I groan with love of them, seeking to be soothed, but no, they are hidden away, they have left me forever—it is for me to feel the pangs—*auwe, auwe, auwe.*

I wandered alone in the cloaking darkness, with the rustling murmurs of the little pebbles of the stream and the sweet murmuring land shells on the *ti*-plants, and when dawn came and the clouds of night crept softly behind the high peaks and the light of the sun flashed forth, I had arrived at a place close to the homes of the *kamaaina.* By the side of the stream in a dense thicket of *mikinolia,* with their thorns which scrape the skin, I made myself a nest in which to rest quietly to await that which time might bring. If I was to be saved, it would be from above; if it was to be trouble, it would be here on the path of the trouble which had occurred.

At this place I could live, protected and invisible, and the main reason for my remaining invisible and unsuspected at this place, without the knowledge of my friends was that they thought we had been killed when fired on by the soldiers of the Provisional Government. Who would not have thought so, since the bullets of death had flown everywhere around that beloved spot? I lived at this place for almost a full month, and during those many days I never showed myself to a living soul, but I could clearly see them all from day to day, and hear the joyous sounds of their voices in their homes on this celebrated shore.

Perhaps my friends are puzzled at my being able to live in this place without becoming hungry and without showing myself to my friends. It is truly surprising, however, concerning the hunger, you must understand that living in the forests I was accustomed to find sufficient things to satisfy my hunger. At night in no time at all I had enough fresh-water shrimps and gobey fish and fresh-water shellfish from the stream, and I took some small taro shoots and leaves. I cooked my food with extreme care, by broiling on coals, and there was sufficient in those days of living alone. In fact, during the entire time that I lived there I was not hungry.

My friends may ponder and ask, "What was the reason for hiding? The mountains were empty, not an owl kept company in the *kula* and had you returned to the homes of the relatives, this was the bosom on which to be succored." Perhaps this was true, none could deny it, if, however, it had been only our relatives living here at the shore in these days. But this was not so. Many had places of refuge, nests to shelter in, but your friend here at this time, this little bird without a nest, was too proud. As in those celebrated words of our ancestors, "The Puulena [wind] has gone, it is at Hilo, sought by Papalauahi".

While I was living at this place I was filled with love, wishing to go and see my relatives, who would flock together to see me, and I would almost do this, but then I would recall my husband's instructions: "When you have left me and our beloved child behind here, be very cautious. Be vigilant, be watchful, and listen, because it is not known where harm may be. Choose your way most carefully."

These recollected words of my husband were like his hands gently grasping me and restraining me, as though saying: "Wait, lest haste bring loneliness". Then my pleasant thoughts of going and showing myself would cease. There was no doubt at all concerning my friends, they would be unanimous concerning me, but thoughts arose that perhaps the powerful hands of the government might seize me, and some of the Provisional Government soldiers might be angry at my husband and me also, and longing for a glimpse of us in order to punish us for the deaths of those soldiers who had been struck by the unerring bullets of my beloved. Since I was unprotected and had no means to defend myself from what might break over me, therefore my conscience told me to endure my loneliness and fulfill my husband's command, and this was the reason for my remaining silent and hidden from the many who lived on these shores with whom we were familiar and whom we loved.

My great love and longing in those days was to be united with my relatives and tell them all the things I had witnessed, the things, indeed, not seen by any other living person except for my husband and our child, and they were gone, leaving only myself living here. I longed to tell them all the true things concerning this pathetic story so they would understand what they had mistaken and only guessed about. However, these thoughts of mine were not fulfilled, they were only dreamed of. They are told here for the first time by the pen of Kahikina Kelekona, to be preserved in ink, and disseminated to the populace as the true story of Kaluaikoolau, the one boasted of as "The Fierce Brave One of the Kalalau Cliffs who Glides along the Peak of Kamaile whence the Fire was Flung".

While I was living at this place I was constantly on the alert for the least glimpse of any sign of the police or the soldiers of the Provisional Government, or to hear any words concerning them, so as to lay out a course for myself, but there was nothing. I understood afterwards that they had been completely routed, not a leaf remained on the branch, because of their terror of the deeds of the steel-hearted Koolau—singlehanded against their numbers. They had been blown away by the gusty winds of Kahoinele [lit. to return empty-handed]. Since I neither saw nor heard of these people, although still doubtful, I decided I had had enough of living as a wanderer and that it would be better to turn to the warm bosom of my family and meet again with them at the birthplace of my husband and child and myself.

In the dusk of a certain day, I prepared to depart from this nest in which I had dwelt alone, with love, and with a small bundle on my back and food for this journey in my bosom, I turned towards the long way, and the breathless climb up the steep, high cliffs. While I was climbing up in the quiet and lonely dusk, when I came to a high place, I turned and gazed at the shore and it seemed to me as though the lights in the houses were winking a farewell to the lonely journeyer whose feet were on a dark and lonesome path.

When the tail of the night had passed, I arrived at Kahalanui, the place where I had first lived with my husband and child, and where I had first met with the Sheriff, Lui, and his follower, Penikila. There I rested awhile, full of sad recollections, and it seemed as though my husband and child were there with me. After some of my weariness disappeared, I resumed my climb, alertly and swiftly, up the steep cliff. I climbed looking ahead for the resting place on the Ascent of Kilohana. Stepping on the high peak of the cliff of Kalou, as dawn broke, I rested and drew breath, caressed by the refreshing breeze of the heights, which touched me gently and bathed away the effort made from the base of the cliff to the sheer steeps where every glance reveals death, with no place to escape.

Here, I gazed seaward over this place which had cherished and hidden me and my husband and child, and I bent my knees and called on the Holy Trinity which had watched over our wanderings and my present journey. As I gazed from this high peak and glanced over our mountainy woodland home, I mused inwardly:

[The following is a classic example of the *uwe helu*, or *kaukau*, a recounting or recalling lament, verbal and extemporaneous, in prose rather than a chant.]

"What is this that is stirring in my bosom and heart, what is this ache that stirs so deeply in my very bones? Yes, I know you. I greet you, Kamaile, the guardian of the dark spreading night of Kane, the guardian of my husband—I have only one offering to you —my love. And you, our refuge, Kahalanui, where we sheltered in our nest, receive my affection until I return to be at ease again in your verdure. And Waimakemake, with your sheltering foliage which hid us and sheltered us from death from the bullets of those raging ones, you are the witness of the unerring aim of the daring hero in your bosom, and of our thirst and hunger. You cherished and hid us; remembrance of you is a fragrant garland, burnt and bound into this heart—for you is my steadfast love until my bones are laid away. Greetings to Koheo, the friendly place which opened to hide us, your friendly deed is unforgettable. I glance up over your shoulder to Punee—O Punee, the seer and designer, who saw the needs of hunger—you knew first of the voiceless surmise of news, that the strange birds had gone elsewhere and were at the water-sprinkled heights of Limamuku—gone from the groping hands of the raging pursuers—setting off course the sight of the spyglasses. If not for that flat at the base of the cliffs of Kaalaneo, the sight of the prey of those hard-hearted ones would not have been obscured. Love, love to you, Punee, you can not fail to be recognized when you are seen. It is you, O Kalahau, standing guard against the bullets, before and behind, it is you who guard the grave of our beloved—my reverence is for you forever. I gaze upon you, O Oheoheiki, and your abundance; it was you who gave refuge from the dizziness of the summer days, and the winter nights. It was your sweet flowing breast and kindliness, your welcoming hands to the wanderers, you were the heaven above and the earth below—you are the parent, the refuge. For you is this breath which sighs a greeting to you. Love to you, Kaluamoi, the hospitable bosom in which time was passed. It was your heights that veiled and obscured us from the pursuers, peered at by the stars blown away from the mountain peak, revealing brightly the heights where the waterfalls speak. O Limamuku, O Limamuku, indeed! For you is this throbbing deep within, for you these tears which fall so freely, for you is this pain which tears at the breast—the *lehua* blossoms are scattered by the pelting of the pouring rain. Who would not feel the pain? Here are the gusts of grief that will not be assuaged—farewell, farewell to you, the place of refuge where there is no ridgepole, farewell to the nest which gave ease to me and my husband and child, farewell to your steeps, so difficult of access, farewell to the sweet singing voices of your babbling streams. The eyes will turn away from seeing you, yet always they will gaze inwardly, where love dwells. You are consecrated, you are marked—farewell to you. I still hear your murmuring voice, O Stream of Waimakemake, whose cool waters eased our burning thirst. My love to you, you are always before my eyes, in my remembrance, farewell to you.

O, all the sheltered nests, and the friends of that beloved shore, this heart throbs with love for you all. May the cool forest breezes softly moisten your cheeks, testifying that, although your features are gone from the sight of these eyes, the love will never disappear.

And O, the succoring, hospitable valley of Kalalau! You are surrounded by my love, you are the recipient of all my desires, until my end. I am going on a road that leaves you behind, leaving in the intense fragrance of your wilderness the bones of our beloved ones. I leave them to sleep gently in your peace—yours is the hiding, the secret hiding, the secret hiding that is taken, the secret hiding that is taken forever—overwhelming love to you. You will be hidden from my sight, yet always in my heart I will gaze in remembrance. It has been lit—it can never be extinguished in a great flood. Farewell—my footsteps take their course and I bear upon me constant love. So it shall be!

O my friends who have followed on the tracks of this unforgettable recollection by your friend who is speaking here, I testify that I know the piercing pains of distress which passed within these gloomy walls. I know the pathos and struggle of inward grief, but, this is something else again, this chill and numbness. Words are lacking to describe its nature.

> Spreading out, extending, the hands of Hauailiki, a chill within, coldness without
> Entwined, cramped in the Kuhonua, suddenly stricken is the foliage, stirred and heaped up, the lehua blossoms

The Inuwai strikes, wondrous, sipping dry the leaves of the trees
The creeping mist gusts, the sea surges from the plundering mischief
    of the Kona wind
Nipping the petals, the strong Waipao wind wounds the bosom
This is my great anguish—let it be soothed—profound farewell.

My eyes glanced again at that valley spread out in its calm and
I left that high peak of Kalou, the height of Kilohana, and stepped
along the steep ridges of those valleys, arriving at the trail descend-
ing to Kaunuohua. I saw the beauty of Halemanu, that hospit-
able mountain home of the Elder, Knudsen, the place where we had
formerly rested when we had left Kekaha, the land of our birth,
which brought recollections of my close companions, my husband
and our beloved child. At this place, it began to darken, and the
weariness of my travels overcame me, and I slept. I awakened re-
freshed at dawn and bestirred my footsteps on the way down the
cliff, until reaching the flat land of that beloved country. The way
was speedy, the *kula* was lonely, not a bird flew.

During this journey made alone, the mountains and forests
were lonely. Only the brush of the breeze on my cheeks and the
rustle of the leaves on the trees were my travelling companions,
besides my recollections. It seemed as though they said "Here we
are to watch over your path of return to the land of your birth". I
never met or had a reason to stop, nor was anyone lying in wait,
nor met with a living soul until my arrival at our home in Kekaha.
I still remember the sensations of my arrival. It was a Saturday
morning when I again saw the place where I and my husband and
child had been content, and I still remember my meeting with our
own mother, from whose womb came my beloved husband, and a
beloved mother to me also, her name is Kukui. We wailed together
in anguish and lamentation when I recounted everything concern-
ing Kaluaikoolau and Kaleimanu, of its being left to me to give
them love and support, and of their giving their love to all their
relatives and friends before they left me alone with my grief in
that lonely wilderness, living patiently with pain and trouble; and
of the pursuit by the bloody-handed messengers of the Provisional
Government in those days when the bullets flew, which I shall never
forget until these bones are laid away.

While I was living with our mother, so beloved of us both, I
had many doubts, and alarm would stir within me, and I passed

these days and nights in hiding and in anticipating—seemingly an inner voice said: "It has been heard that you are here, Piilani, that you have returned and are living here in Kekaha and you will be arrested and a terrible death will be your end in payment for the lives harmed by your husband". These were the anticipatory thoughts that grew within my mind, yet with the hope that when the time came that I would be arrested and punished, then, before this was done I would stand fearlessly and without doubt before my own people of my own race, and indeed before the whole world, and tell the true story, and only the truth, from beginning to end, of everything concerning the deeds of my beloved husband, Kaluaikoolau, he who is boasted of as the fierce brave one of the toothed cliffs of Kalalau, the foremost expert of the heights of Kamaile whence the fire was hurled,[11] just as the truth I am telling here in this book before my own people of my own race.

After some time had passed in this quietude and hiding, the rumor began to spread amongst some people that I had been seen, and as little trickles of water become a stream, thus these rumors spread until it became widely known and came to the ears of the government watchmen. Some friends came and told me this news, but now, since I had been a long time in the midst of people, my disturbed and fearful thoughts had disappeared, and I dared to meet them face to face.

I lived quietly and at ease with my mother, and on a certain day an employee of the government came to our home, and we met pleasantly. On this day the High Sheriff of the Island of Kauai, John H. Coney, and the Deputy Sheriff of the District of Waimea, Kauai, and their guide, Kaumeheiwa, came to see me.

They questioned me concerning Kaluaikoolau and Kaleimanu, and I told them the truth from beginning to end, and at the end of my testimony they affirmed their complete belief in what I had told them and they announced at this time that I was completely absolved and released from the power of the government for everything that had been done by my beloved husband as has been told in this book—the story of his deeds, from our wandering existence with our beloved child in the mountainous regions of the unforgettable valley of Kalalau, until I returned his clay and that of our child to sleep in the enduring peace of mother earth. On this day I triumphed over my doubts as to the effects of the government's power over me.

From this day I lived in comfort and ease, and as proclaimed by the government I was untroubled by any harm which could have resulted from the story told in this book.

Inwardly I never regretted or retreated from following the tracks of my beloved man, and as I had sworn to be a companion from season to season and in all the troubles of our life together, that only death would separate us, thus I fulfilled this covenant until his last breath had flown. In all his actions I carried out his commands with diligence and vigilance; in his time of hunger I hungered with him; when he knew cold, so did I also; when he wept with pain, I too suffered these pains; in the day and the night, in the rain and the sun, in the depths of trouble and the harm apportioned to us, I was with him, in the seconds, the minutes and the hours of his life. The land of our birth was left, and all the kinfolk; gone and forgotten were every thought except my boundless cherishing love for him and our child. This love is a garland for them which is planted and will bud and ever be cherished in my heart until I follow their traces on the road which does not return, to the dark, invisible beyond of Kane.

In my wanderings with my husband and child, there passed three years, five months and two or more weeks. During the entire time after the killing of Louis Stolz, the Deputy Sheriff of Waimea, Kauai, as told in the first part of this book, and my husband's sending away our friends to the shore when the Provisional Government's soldiers were coming, until the time I was reunited with our mother at Kekaha, there were only two meetings with friends at which we exchanged words. This was when Kinney and Kelau and Keoki came to the place where we were sheltering, when I was pulling up taro at the place called Oheoheiki, when Kinney told my husband if he found a steer with his brand on it, to kill it for us, thus showing his friendship. The second meeting and conversation was on the day after when Kelau and his wife, Keapoulu, brought greetings and some things to fill the stomach. This was the very last time of meeting and conversing with our fellow men until I left behind the ones so beloved to me, until the very time of my return to civilization, three years, five months and two or more weeks in the wilderness.

During these years of wandering in the wilderness of Kalalau, we climbed the steep ridges, we descended into the headlong depths of valleys, we travelled the mountainous regions and were watchful in the underbrush, we dwelt in the nooks and crannies, and this entire valley from its high cliffs to the flat terraces of earth became our home, and the dark clouds of Kane were our ridgepole.

I have love for Kalalau—who indeed would not! It is the bosom, the grave, the peace, where lie the bones of my man and our child whom we lovingly bore.

I was pelted with the outpouring love of my kin and friends and companions. They have embraced me and truly shown their good will, demonstrating that they did not forget their friend who lived in hardship and the greatest of troubles, and have joined hands in love and comfort and hope in this life. In my thoughts I hope to embrace all the people of my own race with my warm love for them to whom I reveal my story in sincerity—to call on and knock on every one's hearts, from the rising of the sun at Haehae to its setting at Lehua.[12] Warm affection to all!

As this book ends, I extend my good wishes and humble thanks to all the friends who were hospitable to their companion and speaker, who is of the same birth and blood of our native land.

To my friends and good companions, Hon. William J. Sheldon and his wife, Mrs. Becky Keaonaueole Sheldon, I give my thanks and appreciation for their warm and kindhearted hospitality during those days when I was arranging and recalling everything relating to this story, within their snug and beautiful home at Waimea, Kauai.

Here, I wish to express to all, my gratitude to my friend, Kahikona Sheldon, so accomplished with the pen, for inspiring, arranging, weaving together and editing this story of Kaluaikoolau from all I told him of the things seen and done by myself. And I affirm to the world that this is the correct, true, and one and only story of Kaluaikoolau from beginning to end. I humbly pray that this book will be a memorial for Kaluaikoolau, that we all may forever keep our love for him and our child unforgotten in our hearts. They sleep in the bosom of Kalalau but will live again in our loving memories.

Peace on Earth
Love to all Mankind.
Welina!
MRS. PIILANI KOOLAU

Waimea, Kauai, Hawaii, January 1, 1906

NOTES

1. Kahikina Kelekona, *Kaluaikoolau!* (Honolulu: Kahikina Kelekona, 1906). John G. M. Sheldon was the son of newspaperman Henry Sheldon. He also wrote the history of Joseph Nawahī of Hilo.

2. There were other rebellions by those who refused to be taken. Doctors who examined persons suspected of being lepers or police who came to get them were shot at. One of these doctors was Dr. Jared Smith, of Koloa, Kauai. The most famous rebel, however, was Koʻolau.

3. Jack London, *The House of Pride* (New York: Macmillan, 1912).

4. Aubrey P. Janion, ed., *The Olowalu Massacre and Other Hawaiian Tales* (Norfolk Island, Australia: Island Heritage, 1976).

5. Deputy Sheriff Louis Stolz, of Waimea, Kauai, was also known as *Lui*. Provisional Government soldiers killed were "Anderson, Husberg [Hirshberg], and McCabe"; Koolau Expedition 1893, FO & Ex, AH.

6. Reverend George Rowell and Malvina Chapin Rowell, members of the Tenth Company of American Protestant missionaries to Hawaiʻi, served the ABCFM until 1865, then led a group of independent Hawaiian churches: *Missionary Album: Sesquicentennial Edition* (1937); Honolulu: HMCS, 1969) 166.

7. Francis Gay, a native of New Zealand who grew up on the island of Niʻihau, and Valdemar Knudsen, a Norwegian immigrant, both were fluent in Hawaiian. They were ranchers and cattlemen and were generally loved and respected by the Native Hawaiians. Knudsen was also an amateur botanist of some note. See Edward Joesting *Kauai: the Separate Kingdom* (Honolulu: U. of Hawaiʻi Press and Kauai Museum Association, 1984) 198.

8. Although the official Board of Health Reports 1889-'99 (AH) consistently underestimated the numbers of lepers in hiding, unofficial sources said that the numbers who remained outside the Molokai settlement were substantial. The PCA for 30 June 1893 reported 28 lepers living in the Kalalau area among a native population of 120. They evaded the police who were sent periodically to round them up. Most Hawaiians would not report relatives or friends. "They were not troubled by the lepers among them, and they happily shared dishes, bedding and clothing until disfigurement became extreme." See Edward Joesting, *Hawaii: An Uncommon History* (New York: W. W. Norton, 1972) 206.

9. A word spoken was to a Hawaiian an offering not to be retracted.

10. Hans Peter Faye, another Norwegian immigrant, started as a field hand and became the manager of Kekaha Sugar Company, Kauai. John William Siddell, ed., *Men of Hawaii,* vol. 1 (Honolulu: Honolulu Star-Bulletin, 1917) 103.

11. . . . the heights of Kamaile whence the fire was hurled: refers to an ancient Kauai spectacle in which firebrands were thrown from a cliff.

12. From the rising of the sun at Haehae [Cape Kumukahi on the island of Hawaiʻi] to the setting of the sun at the sun-snatching isle of Lehua [the northern end of the archipelago]: a poetic way of speaking of the Hawaiian archipelago, formerly much used by Hawaiian speakers.

Formal portrait of Piilani (Photograph in Sheldon's original book).

Piilani photographed in the clothing she had worn in Kalalau (Photograph in Sheldon's original book).

Piilani was posed with a borrowed rifle because she had buried Koolau's rifle with him (Photograph in Sheldon's original book).

Kukui Kaleimanu, mother of Kaluaikoolau (Courtesy of Hawaii State Archives).

aluaikoolau, 2) Piilani, 3) Kaleimanu, and their family in front of their home at Kekaha rtesy of Hawaii State Archives).

Site where Stolz was killed beside Kaluaikoolau's Kalalau house (Courtesy of Hawaii State Archi

of the military camp at Kalalau Valley (Courtesy of Hawaii State Archives).

Kalalau inhabitants on the beach during evacuation from the valley (Hawaii State Archives).

Piilani and Kaluaikoolau with their son, Kaleimanu, and Kaluaikoolau's mother, Kukui Kaleimanu (Courtesy of Hawaii State Archives).

Home of Kaluaikoolau in Kekaha (Courtesy of Hawaii State Archives).

aikoolau's home in Kalalau Valley (Courtesy of Hawaii State Archives).

Graves of the fallen soldiers, Kalalau Valley (Courtesy of Hawaii State Archives).

KA MOOLELO OIAIO O KALUAIKOOLAU

KANAENAE A PIILANI.

O ke aloha ka Momi makamae i oi ae mamua o na mea a pau iloko o ke au o keia olakino uhane ana.

Aloha na Paemoku o ka aina Kulaiwi mai ka La Hiki ma Kumukahi a ka Welona i ka Piko o Lehua Kapikai.

Aloha na Kupuna, na Makua, na hanau Kuaana, na hanau Pokii, na Kunane, na Kama a me na Kanimoopuna.

Aloha o'u Oiwi o ka pupuu hookahi; aloha na kini o ka ewe, ka i'o, ka iwi a me ke koko o ka iwikuamoo hookahi; aloha welina pumehana kakou a pau.

Aloha wale ka hoonana pu ana i ka houpo lewalewa,
Aloha wale ka hookanaho pu ana i ka make a ka wai,
Aloha wale ka pehi pu ia e ka wela onohi la me ka opili pakaua,
Aloha wale na mapuna leo hope loa o kuu kane me ka lei
    peepoli a maua—e.

Aloha wale na Palikupouli huli aku no huli mai o Kalalau,
Aloha wale ka Piko kiekiena O Ahikaolele o Kamaile,
Aloha wale ia mau kualono me na kuono hihipea lauhihi,
Aloha wale na Iwi o kuu kane me ka leipeepohi a maua—e.

Aloha wale ia mau *he* moelepo i nalohia mai na maka,
Aloha wale ko laua hooluolu pu ana aku la ia iu anoano,
Aloha wale ka hoi au e paiauma aku nei mahope,
Aloha wale na hiohiona o kuu kane me ka leipeepoli a maua—e.

Aloha wale ka huli hoi ana o nei mau maka pe'a na lima,
Aloha wale ka haalele ana aku ia laua me na kauhola haawe
    a ka luuluu,
Aloha wale ko'u auwana hookahi i ke ala a makou i alo pu
    mai ai,
Aloha wale na halialia kino wailua o kuu kane me ka leipeepoli
    a maua—e.

Aloha wale oe e Kahalanui, ke nui nei no ke aloha ia Wai-
    makemake me ka iu o Koheo,
Aloha wale oe e Punee, ke nee mau aku nei no ka halia i ka
    luna koae o Limamuku me Kalahau,
Aloha wale oe e Oheoheiki ku kiu ku kiai pulakaumaka a ke
    aloha—u,
Aloha wale ka oukou hunakele ana aku ia laua moelepo—a—
    e uwe ae ana no au i kuu kane me ka leipeepoli a maua—e.

KALUAIKOOLAU!

Ke Kaeaea o na Pali Kalalau

A ME

Na Kahei O Ahi o Kamaile.

PIILANI!

Ka Wahine i Molia i ke Ola.
Ke Kiu Alo Ehu Poka.

KALEIMANU!

Ka Hua o ko Laua Puhaka.
Ka Opio Haokila Iloko o na Inea.

HE MOOLELO OIAIO I PIHA ME NA HAAWINA O KE ALOHA
WALOHIA.

❦ ❦ ❦

ALANA A HOOLAAIA NO NA OIWI HAWAII.

1906

KAHIKINA KELEKONA.

IMUA O NA OIWI.

Mamuli o na kokoina hoomanao i kipona ia e na halialia haupu o ke aloha hoakanaka; mamuli hoi o ka punia lohe lauahea no na haawina walohia o ka ehaeha i alo hoomanawnui ia; a mamuli no hoi o na iini makahehi e kila hoomanao ia kona moolelo kaulana iloko o na puuwai o na oiwi o ka ewe hookahi, ua hooholo iho la ko oukou makamaka haahaa nei e haawi i kekahi mahele o kona manawa, no ka imi a noii me ka nowelo akahele i mea e loaa ai ke kumu a me ka piko panepoo waimapuna o ka moolelo pololei a oiaio no na mea a pau e pili ana i ka Weli o na Pali o Kalalau, ka oiwi hoi i kapaia ke

KAEAEA KOOLAU!

O keia buke e pahola ia aku nei imua o na iwi a me na io o ua Kaeaea nei, oia no ka hoike e hooiaio aku ana imua o oukou ua loaa i ko oukou makamaka nei ka punawai mapuna i iini nui ia e kakou a pau, mai kona iwiaoao ponoi mai, kona hoa i alo pu ai i na inea o keia noho'na a hiki i kona hoi ana aku i ka opu o ka honua; kona hoa haihaiolelo, hoakuka a ohumu o kahi mehameha; hoa hoomanawanui i ke anu a me ke koekoe o na pakaua, i ahonui pu ai i na kipona owela o ka onohi hulili o ka la; a i pukukui pu ai i na iniki maeele o kehau wehekaiao piko kuahiwi iloko o kahi opu hale malu laui. Ae! Ua hookipa ia au a ua hoolauna ia e ko'u pokii, Hon. W. J. Sheldon, ia Mrs. Piilani Koolau, ma Waimea o Kauaimanokalanipo, a mamuli o kona oluolu, ua ae lokomaikai mai oia ia'u e kakau a e pai a hoolaha aku i keia buke o ka moolelo pololei a oiaio o ke Keiki Kaulana o na Pali O Ahi o Kamaile iloko o na la oehuehu o kona ola ana.

Nolaila, o na hookipa ana aku a na makamaka i keia buke, oia no ko lakou hookipa pu ana aku i ke aloha pumehana no Piilani Koolau, a o na hooia ana mai no hoi ia no ko oukou aloha poina ole iaia a me na hoomanao walohia no ka mea i kaili ia aku mai keia noho'na.

Ma ka aoao o ka mea kakau a hooponopono, ke pahola aku nei i ke aloha i na oiwi o ka pupuu hookahi mai na palena kakai pali o ka aina paia ala i ka Hala Hinano me na kipona home o ka Wahine Oni o Hopoe a hoea loa aku i ka Moku Kaili La o Lehua.

Aloha pumehana.

JOHN G. M. SHELDON.
(Kahikina Kelekona.)

Waimea, Kauai, Ianuari 1, 1906.

KA MOOLELO OIAIO
— o —
KALUAIKOOLAU!

KUMU-MAMO.

O Kanemahuka ke kane noho ia Keawe ka wahine, hanau mai o Kaleimanu he kane.

O Nakaula ke kane noho ia Kawaluna ka wahine, hanau mai o Kupui he wahine.

O Kaleimanu ke kane noho ia Kupui ka wahine, hanau mai o Kaluaikoolau.

O Hoona ke kane, no Hilopaliku, noho ia Kepola ka wahine, no Kekaha, Kauai, hanau o Piilani, i ke Kau o Makalapua o ka makahiki 1864, ka wahine male a Koolau.

O Kaluaikoolau ke kane noho ia Piilani ka wahine, hanau o Kaleimanu, ka laua keiki hiialo i ko laua poli.

HOOIA.

Ma keia ke hooia aku nei ka mea nona ka inoa malalo iho nei, o keia moolelo a'u e hoike nei, oia no ka oiaio e like me ka ike a ko'u mau maka a me ko'u hoomanao e pili ana i na mea i hana ia e kuu kane aloha, oia o Kaluaikoolau; ka hoomanawanui pu ana iloko o na la wela kikiki o ka la a me ke anu huihui maeele o na kipona kuahiwi i ka po; ka piina paupauaho pu ana ma na kualipi olaelae nihinihi kau ka weli; ka

6

iho'na pihoihoi pu ana iloko o na awawa kupouli i na ululaau
me na lau hihipea poipu o ka waokele; ka nihi hele kolo
malie ana maluna o na iliili o ke kahawai; ka noho hooma-
nawanui pu ana i na opumalu hale kaupoku ole, hookahi no
malu o na aopolohiwa a Kane o ka lewa; ka opukaupale pu
ana i na maawe kaukolo a ka pilihua me ka pololi, i moni pu
ia ai hoi ka wai o na pua a me na lau waonahele i kau a mea
o ka hae o ka puu, e ne ae ana i wahi kuluwai; i ohumu a
ha'iha'iolelo pu ai hoi iloko o na kipona o ka meha anoano
eehia o ka liula; i kiai makaala pu ai me ka pili ole o na maka,
e aloalo ana ma o a maanei, me ka hoolono mau no ka pa
leo a hamumu o na lima uhaiaholo kailiku me na poka pu
raipela a na koa Pi Ki; i hoomoe malie pu aku ai hoi i ke kino
uhane ole o ka maua lei aloha he keiki iloko o kona home hope
loa o ka opu o ka honua; i u a i kanikau pu ai me na waimaka
kaheawai o ka luuluu paumako o ka makee keiki; ka uhi pu
ana aku i ka hua o ko maua puhaka me na ehu lepo o ke kua-
hiwi mehameha, a huna nalo loa aku la i kona mau hiohiona
e hiamoe malie iloko o ka meha anoano, pau ka ike ana aku i
kona onohimaka waipahe, a pale ka lohe ana aku i kona leo
akahai i piha me ke aloha makua; ka noho koolua pu ana aku
me kuu kane e haawe pu ana i na kaumaha o ka noho'na inea
o ka pilikia a me na kipona kanikau luuluu o ke aloha pili-
hua i ke keiki i haalele mai la ia maua; ko maua hoomanawa-
nui pu me kuu kane me ke aloha i kona waiho ana iloko o na
kipona o ka ma'i me ka ehaeha a me ka nawaliwali; kona hoo-
maopopo ana i na hoike hikimua no ka aneane o ka manawa
e paina ai ka maawe hope loa o ke kaula o kona aho olakino
e haalele iho ai oia ia'u mahope nei e noho hookahi aku; kana
mau olelo hope loa i piha me na kui houhou o ka walania iloko
o ko'u puuwai, e hoohanini ana i ke kuaua makawalu o na
waimaka, e haehae ana ia loko me ka mokumokuahana, a e
hoihoi mai ana i na haupu hoomanao no na haawina ehaeha a
pau i alo pu ia ai me ka lei a maua; a o ka hopena panina hope
loa, oia no kona haawi ana ia maua iho iloko o na lima o ka
Mana Lani Kahikolu Kiekie Loa, a waiho iho la kona kino
wailua i ke kino lepo mahope nei; ko'u noho kiai hookahi ana

7

iaia ma ia mau kipapali waonahele; ko'u eli hookahi ana i kona home e hoomaha hope loa ai; ko'u hoomoe maikai ana iaia e hiamoe me kana pu punahele iloko o na kau a kau me ka maluhia a hiki i ka wa e pa-e kupinai ai ka leo kahea o ka o-le a ka Anela Elele a ka Haku; a me ko'u haalele ana aku iaia me ka lei a maua me na olelo kaukau o ke aloha moku-mokuahua, a iloko o ke anoano kupouli, huli mai la ke alo no na pali e pii ana a e iho ana ma ke alahele kualipi a hoea hou i ka aina hanau i Kekaha, akahi no a hui hou me ka ohana a komo hou hoi iloko o ke aokanaka, mahope o ka hala ana o na makahiki he ekolu, me elima mahina a me na pule elua o ka noho auwanahele ana ma na kuahiwi ululaau waonahele o Kalalau.

Me ka oiaio a me ke Aloha i na mea a pau, owau iho no, me ka haahaa,

MRS. PIILANI KALUAIKOOLAU.

Waimea, Kauai, Ianuari 1, 1906.

———

O wau, ka mea nona ka inoa malalo iho nei, ke hooia nei, o ka moolelo o ke Keiki Kaulana o na Pali O Ahi o Kamaile, oia hoi o Kaluaikoolau, e hoolaha ia aku nei maloko o keia buke, ua loaa pono mai no ia mai kona iwiaoao ponoi, Mrs. Piilani Kaluaikoolau, a na'u ponoi i kakau, hooponopono a i hookele hoi ma ka oihana pa'i a me ka humu buke.

Me ka oiaio,

KAHIKINA KELEKONA.

Waimea, Kauai, Ianuari 1, 1906.

KALUAIKOOLAU.

I ka wehe'na kaiao o kekahi la poluluhi o na ao polohiwa a Kane e nihi kamoe ae ana maluna o na piko kiekiena o ke kuahiwi nani a kaulana o Waialeale, e olapa ana ke ahi uwila ma ka welau akau a holopuni ae la ma na kukulu like ole o ka poepoe honua, e pa onou ana ke kikiao makani Kualau a ooloku na ale o ka moana, haule mokaki iho la na pua me na lau laau, e hanini makawalu ana hoi na poiwai a Kulanihakoi, a owe kapalulu ae la na omaka o na kahawai me na waikahe nui o ka uluku, ia manawa, a oia ka wa a Kukui i hookohi mai ai mailoko mai o kona puhaka a hoea i keia malamalama, a hanu mua loa hoi i ke ea o keia ola honua ana, o Kaluaikoolau, a kakou e kapa hoopokole nei, o Koolau, a o Pokii, Kekaha, Kauaiomanokalanipo kona onehanau, i ke Kau ia iloko o ka Hooilo, i ka makahiki o ko kakou Haku Hookahi Kaukani Ewalu Haneri a me Kanaono-kumamalua (1862).

Ua oleloia, i ka manawa o Koolau i oili mai ai mailoko mai o kona home puhaka o ka noho ana no na mahina eiwa, ua hemo pololei mai la oia i ke kuakoko mua loa o kona makuahine a kaupono iluna o na uha o kona luaui makuakane, a i kona hoomaopopo pono ana iho ua loaa iaia ka makana ana i kaunui ai a i kuko nui ai, oia hoi i keiki kane, ua ui koke mai la oia a honi iho la i ka ihu o ka wahine, a me ka leo nui i piha i ka hauoli me ke ohohia, ua kukala koke ae la ia—

"E ola kuu Kama o Kaluaikoolau!"

A oia ka manawa a ka wahine i pane mai ai me na huaolelo hoolanamanao i ke kane, i ka i ana mai—

"Ua Aloha ia Oe, ua *Ko* ko Makemake!"

I ko Koolau mau la i opuu mua loa mai ai, ua noho meha wale iho no kona mau makua me ka ohana, a hala ae la ke anahulu o na la, ua hoomaka ae la e ike ia ka nani mohaha o

9

kona mau papalina a me ka poepoe uliuli maikai o kona mau
maka, ka ooi o na lihilihi pi'o, ke aweawe pahee a milolii o na
oholauoho, ka miomio nepunepu palupalu maikai o kona pau-
ku kino a me ka lelo ula anuhea o kona ili. Aole no nae i li'u
loa ko Koolau noho meha ana, no ka mea, ua lawe ia aku la
ka ui o ke keiki a Kaleimanu ma o a maanei, a ua lilo iho la
kona home i halekipa ia e na makamaka, no ka ike i ka makua-
hine a me ka malihini hou, a ua kapaia oia e kahi poe o "Kau-
nuhimelomelo," no ka nunui a loloa maloeloe o na lala like
ole o kona oiwikino.

He mea nui o Koolau i kona ohana, ma ka aoao o kona
makuakane a ma ka aoao no hoi o kona makuahine, ua punia
wale no lakou a pau i ke aloha a me ka makee iaia, a ua hoolilo
ia oia i hiipoi na lakou. Me ka maiau a me ka mikiala mau i
hanai ia ai o Koolau me ka maikai, a hiki i ka ulu wohi ana'e o
kona kino me ka hiehie, a i ka lawa ana o kona mau makahiki
no ka hele aku i ke kula e imi ai i ka ike a me ka naauao,
i ka makamua o ka makahiki 1868, ua hookomo ia oia e kona
mau luaui makua iloko o ke kula a ka Makua Lowela, ma
Waimea, Kauai.

I kona hoomaka ana e hele i ke kula, a liuliu iki, ua hoo-
maopopo ia kona piha me na manao hoihoi a ohohia e hoo-
paanaau i kana mau haawina like ole, a ua ike ia no hoi kona
mikiala mau me ka eleu e paa mau ka manawa kula iaia me ka
haule ole o kekahi la. He eleu no hoi oia ma na hana liilii a
kona mau makua e hoounauna aku ai iaia, e hooko ana oia me
ka hoihoi, a e hoike mau ana hoi i kona aloha a me ka hoo-
lohe i ko laua leo. Iloko no o keia mau la opio o kona ulu ana
ae, ua kanu ia e kana kumu maikai iloko o kona puuwai ka
anoano laahia o ka olelo a ke Akua, a ua omilo ia ka nani o
ia haawina hemolele iloko o na kuono o kona lunaikehala.
Nolaila, i ka ulu ana o ko Koolau kino, ua ulu pu me keia mau
mahele kamahao, a ua nohoalii ia iho la e ke akahai, ka oluolu
me ka lokomaikai iloko o ka poai o ka manao maikai e lawe-
lawe i na hana ku i ka pono a me ka pomaikai.

Pela iho la oia i imi ai i na ike o ke kula a hiki i ka nui ku-
pono ana o kona kino no ka lawelawe hana lima, mawaena o

10

ka umikumamaono a me umikumamahiku o kona mau maka-
hiki, ua hoike aku la oia i kona manao i kona mau makua a me
kana kumu e waiho aku i ke kula a e hele oia e hoohana iaia
iho, a ua ae ia kana noi me ka laelae.

Ia manawa, he kanaka oiwi maloeloe a kulana wikani ko
Koolau, he nui kupono me ka loihi pololei kona pauku kino,
me na lima o ke ahikanana, a ua kaena mau ia no hoi ka
u'i nohenohea o kona mau helehelena me na onohimaka i puia
e ke onaona a me ka leo olu hoiloli o ka waipahe, a he kanaka
u'i maoli no o Koolau i kona mau la.

Mamuli no o kona eleu a me ka mikiala, ka makaukau a me
ka hoohakalia ole ma na mea pili i ka hana, ua ike ia oia a ua
makemake ia, a loaa ai hoi na keehina iaia e hiki ai ke hilinai
ia mai e ka poe ia lakou ka hana. No ia kumu, hoonoho ia mai
la oia e noho ma ke kulana Luna Paniolo malalo o Mr.
Francis Gay (Palani Ke, he makua aloha no na keikipapa o
ka aina), ma ka noho poo ana ma ia oihana maluna o kona
mau aina mai na kuahiwi a hoea i na kapakai. A mamuli no
hoi o ia haawina like, ua hoonoho ia oia ma ia kulana Luna
Paniolo no Mr. Valdemar Knudsen (Kanuka), maluna o ka
loa a me ka laula o kona mau aina ma Kekaha. A mamuli o
ia kumu, ua mahele like ia iho la kona manawa hana ma kona
kulana Luna Paniolo no keia mau makua o na kupa o ka
aina, oia hoi ua paa mau kona manawa a pau mawaena o kona
mau haku elua, oia hoi o Palani Ke a me Kanuka.

Aia nae i keia manawa o ko Koolau ulu ana ae e kanaka-
makua me kona u'i a me ka maikai o kana mau hana iloko o ka
holomua, ua ulu pu ae la no ma ia aina hookahi o Kekaha, i ka
Moku-o-Mano, he u'i pua lehua wekiu, he nohea waiono mu-
kiki hoi a ka Oo hulumelemele. No ka mea, he elua wale no
huli pewa ana o ka piha makahiki mahope mai o ko Koolau
mohala pua ana mai ka puhaka mai o kona luaui makuahine,
aia hoi, i kekahi po waiho kalae molale malie o na kuahiwi,
e awihi hooipo iho ana ke aliiwahine mahina konane me kona
mau miliona hoku imoimo hoinau, i ka manawa hoi a na eheu
kehau o ka liula e ahai mai ana i ke ala kupaoa lipolipo o na
pua a uhola palanehe iho la maluna o ka hokua o ka welelau

II

makani a hoope ae la i na papalina o na pali a me na kualono, i ke Kau hoi o Makalapua o ka makahiki o ko kakou Haku Hookahi Kaukani Ewalu Haneri a me Kanaono-kumamaha (1864), ua opuu mai la a mohala ae la mailoko mai o ka pu-haka o Kepola, he pua liko waianuhea nepunepu mohaha, no-na ke kilohana pali ke kua mahina ke alo, aohe puu aohe kee, a puana iho la kona luaui makuakane i ke *o* ana iho i ka inoa o kana lei momi makamae o—Piilani.

I ko Piilani mau la o ka omaka ana ae, ua punihei loa ia oia e kona mau makua a me kona nui ohana, a ua malama a kiai hoomalu loa ia oia, aole ae ia e lawehele, aka, aia mau oia imua o ka maka o kona mau makua a me na pilikana. No-laila, aole no i ike nui ia o Piilani iloko o ia mau la, aka, aia nae i ka ulu ana ae o kona kino a hoomaka e holoholo pu me na kamalii, a hele pu i ke kula, aia hoi, akahi no a ike ia aku kona u'i, ka loloa maikai o kona mau papalina, ka aai popohe o kona mau onohimaka hauliuli a me ka milolii mikioi hiehie o kona pauku kino, a i oi loa aku hoi i ka olu honehone o kona leo palanehe, e hoike mai ana aia iloko o kona umauma he puu-wai hamama lokomaikai o ke aloha pilipaa.

Ua ulu pu na kino mahiehie o keia mau opio a ielua, me he 'la i hookahi pana a na puuwai, e like me ke koii mau o na pua i makahehi ia a i malama maiau ia e na lima mikioi o ke kanaka kanupua, a i ke kawowo pono ana o na anoano hoiloli o ka iwihilo, a halawai ae la na ike a ko laua mau onohimaka i kekahi a me kekahi, ia manawa koke no i lele like ae ai na pu o ke pana kupua a Pikoiakaalala, a napoo pu aku la iloko lilo o ko laua mau puuwai pakahi, a kui ia ae la he lei o ke aloha pilipaa o ka iwihilo mawaena o laua.

Mamuli o keia mau haawina onipaa hiki ole ke pale ae, ua hoomaopopo iho la na luaui makua o keia mau u'i, e like me na olelo no a ka Buke Nui e i ana, "He mea maikai ka mare no na mea a pau," nolaila, ua hooholo like ia e hoohui ia, a e hoolilo ia o Koolau ke Ahikanana me Piilani ka U'i Nohe-nohea i hookahi io, i hookahi koko a i hookahi koni ana a ko laua mau puuwai mamuli o ka hipuu o ka berita hemolele o ka mare laahia, a i ka waenakonu o ke Kau Pa-kahea o ka

12

Makalii, i ka makahiki o ko kakou Haku Hookahi Kaukani
Ewalu Haneri ame Kanawalu-kumamakahi (1881), ma Wai-
mea, Kauai, ua omau ia ae la laua iloko o ka hipuu a lilo i
hookahi, mamuli o ka puana ana ae a ka Makua Lowela, ke
kumu nana i haawi i ka ike buke hoonaauao a me ka ike
noho'na kino uhane ia laua i hiki ai ia laua ke noho me ka
laahia a me ke aloha onipaa no kahi a me kahi malalo o ka
maluhia o na eheu o ka Mana Kahikolu. O ka hehi ana ia o ko
Koolau mau kapuai i ke keehina o ka umikumamaiwa o kona
mau makahiki, a kaei hoi kona iwiaoao i ke apo o ka umiku-
mamahiku o kona mau makahiki, a hee like aku la maluna o
ka nalu e pae ai i kahaone o ka noho'na makua.

E like no me na manaolana o ko laua mau makua, pela no
i hooko ia ai; no ka mea, ua kuikahi like ko laua mau manao
a ua hilinai aku ke kane maluna o ka oiaio o kana wahine, a
pela no hoi i kaukai mai ai ka wahine maluna o kana kane,
a ua lilo iho la ko laua home i punana i hoopumehana ia e ka
lokahi, ka maluhia a me ka palekana. Iloko o keia manawa,
ua paa mau ko Koolau mau lima i kana hana malalo o kona
mau haku, a ua hilinai ia oia a lilo no hoi i punahele, oiai, ke
makemake ia kekahi mea no ka hoohana aku, a ke makemake
ia e pii ma na kuahiwi, e ui mua ia aku ana o Koolau, ke alakai
a o ke poo ma ia mau hana a pau, a ua kaulana loa kona inoa
no ka hala ole o kana kipuka ili a me ka mio o kana pu poka ki
pololei i na manawa a pau e hele ai ma na kuahiwi e hoohei a
e ki pipi na kona mau haku.

I ka aui ana'e o ka makahiki mua o ko laua noho aloha pu
ana, aia hoi, oiai i ka wehe'na kaiao o kekahi la o ke Kau o
Haule Lau, i ka makahiki o ko kakou Haku Hookahi Kaukani
Ewalu Haneri a me Kanawalu-kumamakolu (1883), ma ke
oneoiwi hookahi no o kona mau makua, ma Kekaha, Kauai,
haawi lokomaikai mai la ka Haku o na Haku i makana momi
makamae no ko laua mau puhaka, a hoohua mai la he keiki-
kane mohaha i kau ia a i poni ia me na helehelena o ka u'i wai-
pahe i kulike loa me kona luaui makuakane. Ua hoopiha ia
na puuwai o na makua opio me ka hauoli nui no ka loaa ana o
keia opuu nana e hoonani a e hoolaukanaka i ko laua kihapai

13

home, a ua kapa iho la laua i ka inoa o ua kamalei nei o "Ka-leimanu."

E like me ko Koolau malama maikai ia ana e kona mau makua, a e like no hoi me ko Piilani hiipoli ia ana e kona mau kupuna, pela no ko Kaleimanu malama a hanai ia ana. He mea nui oia i kona makuakane a me kona makuahine, a ua kanu ia a kawowo ke aloha makua iloko o kona puuwai opiopio no kona mau luaui, a pela oia i lei mau ai ia haawina makamae a hiki i ka pili ana o kona mau maka iloko o ka moe mau i na kau a kau iloko o ka waonahele ululaau poina ole ia o Kalalau.

[E ka makamaka heluhelu, ma keia wahi, e hoomanao iho oe, e hoomaka aku ana o Piilani e kamailio pu me oe, a e lilo hoi oe i hoa hele a i hoa haihai-olelo e alo pu hoi i na pilikia, na inea a me na kaumaha luuluu iloko o ka hoomanawanui, a i hookahi ka *u* a me ke kaukau pu ana iho me na waimaka o ka haloiloi—aloha wale.—Kahikina Kelekona.]

Ua noho pu maua me kuu kane mai ko maua hoohui ia ana iloko o ka berita o ka mare me ka maikai a me ka maluhia, a ua hoomanawanui pu ia no hoi na haawina popilikia o na inea like ole o keia noho ana a hiki wale no i kona pauaho ana mai ia'u a hoihoi aku au iaia iloko o ka opu o ka honua. I ka makahiki 1889, ua hoomaka liilii mai la ke ano ula mania o kona mau papalina, aia wale no nae a nui kona hele ana i ka la me ka lawelawe i ka hana ikaika; a hala ae kekahi manawa ua nalo aku la no. Pela mau nae ko'u hoomaopopo i na hiona o ua kane aloha nei a'u, a i ko'u ike aku i ka hoea mau mai o ia hiohiona, ua ulu wale ae la no ka manao pahaohao iloko o'u. Ua nalu au iloko iho o'u, me ka hoomaopopo pu iho i ko'u ike mua ole i keia mau haawina mai ko maua lilo ana i pupuu hookahi, a hiki mai la hoi ia manawa, akahi au a ike aku la i keia wahi kumu hoana-e i ka noonoo, a ua lilo ia i mea nui na'u e hoomanao mau ai a e nalu mau ai.

Pela ko maua noho ana me keia mau kumu hoopahaohao, me ka ike mau aku no i keia mau hiona maluna o na helehelena o ke kane, me ko'u hoopuka ole aku no nae hoi iaia i keia mea, oiai, ua manao wale iho la no oloko, he ula no paha no

14

ka wela i ka hele mau i ka hana ma na kula a iluna o na kua-
hiwi. Aia nae i kekahi la, ua hoi mai la kela i kauhale, auau a
komo no hoi kahi kapa noho kauhale, hele mai la a noho pono
iho la mamua o kuu alo, a hapai aku la no hoi i ke keiki a
noho iluna o ka uha, a pane mai la kela ia'u i ka i ana mai:

"Auhea oe e ka wahine, e nana mai oe i o'u mau papalina,
aole anei ou ike mai i ke ano e?"

Aia ko'u mau maka iluna ona kahi i haka pono aku ai ia
manawa, me ka haupu mua ole iloko o ko'u nanea i ka humu-
humu e puka mai ana keia ninau mai iaia mai, a iloko no o ko'u
ike mua a hoomaopopo mua i keia mea, ua hoohikilele ia ae la
no nae ko'u noonoo i ke kuia ana mai me ka ia la ninau. Nana
aku la au i kona mau papalina, a pane aku la:

"Ka; aohe mea ano e a'u e ike aku nei, koe wale iho no ka
ula, malia paha i ka la aku nei no hoi kau hana, aole i ke'a mai
ka hahana wela o keia la."

Hamohamo ae la kela i kona mau papalina, a pane hou mai
la no:

"Aohe a makou hana nui mai nei o keia la, i ka malumalu
wale no a hoi mai la au; e haha mai paha oe i o'u mau papa-
lina la!"

Kulou mai la kela a hooiho malie iho la no hoi au i ke alo
o'u mau lima mailuna iho o kona mau papalina, a pane aku la:

"He pahee pu wale no ia o ko ili i ka'u hoomaopopo iho,
malia paha hoi no ko hamo ana mai nei no hoi i ke kopa au i
auau mai nei?"

"Aole; ua ike mua no au i keia mea ano e, ke nana au i ke
aniani pahu ume o kaua, a ke hoomaopopo nei au ke ano ma-
huahua ae nei ka ula, a ua hoopahaohao ia ko'u noonoo i ka
nalo aku a mea hoea mai ana."

O keia iho la ka makamua loa o ka maua mau kamailio ana
no na mea e pili ana i ka hoomaka ana mai o na haawina hoo-
pahaohao maluna o kona mau helehelena; a iloko o ia ma-
nawa, ua hoomaopopo aku la au ma ke ano o kana mau olelo,
kona leo a me kona nanaina, aia iloko ona kekahi kumuhana
kahi i nune a i hakoko ai, me he la e i ae ana kekahi manao
hoopio manaolana—*"ua kuni ia oe!"*—a e pale mai ana hoi

15

kekahi me na omaka hooulu manaolana a e puana ae ana—
"palekana oe!"

Ma ia hope mai, ua hoomaopopo aku la au ma ke ano o ua
kane nei a'u, ua hoano e ia kona noonoo, ua ano mumule mai
i kahi manawa, a ua hoike mai kona mau hiohiona aia kekahi
puolo o ka pilihua a me ke kaniuhu iloko ona kahi i nune ai,
a ua lilo ia i kumu nana e hoehaeha me ka walania ia loko o
ko'u puuwai nona a no ka milimili aloha a maua, ka maua lei
makamae haule ole he keiki.   Iloko no nae o keia manawa a
pau, ua hoopuka aku no au imua ona i na huaolelo hoohoihoi
a hoolanamanao, i kumu nona e hoaui ae ai i kona hoomanao a
me kona noonoo no keia mea hoopahaohao a ku no hoi i ka
hoohuoi.

O kekahi o na kumu nui nana i hoouluku a hookaumaha i
ko'u noonoo, oia no ka ike iho, ua kau pu aku ia haawina ma-
luna o ka lei a maua, a ua ano hoike maopopo loa mai hoi ma-
luna o kona mau helehelena, a ma kekahi mau wahi e ae o kona
kino.   Na keia mau mea a pau i hookupouli i ko'u manao, a e
hoomaopopo iho ana na makamaka e heluhelu nei i keia i ke
kaumaha o na haawe hoopilihua i hekau iho maluna o ko'u
hokua, i ka nana aku i ke keiki me kona mau haawina, a i ka
hoohuoi pahaohao aku hoi i na haawina o ka meheu ano e
maluna o ke kane, a e puana ae ana no kakou—o wai hoi ka
mea piha ole me na hoowalania kupouli a ke aloha me ke kau-
maha no ke kane a me ke kamalei.

Ia makou e noho nei iloko o keia mau mahele o ka hopo-
hopo a me ka pilihua, aia hoi, i keia la, ua hoea mai la i ko
makou kauhale ma Mana, ke kanaka o ke Aupuni, nona ka
inoa o Pokipala, i kii ae i kuu kane ia Koolau, e lawe no ka
nana ia e ke Kauka, no ka hoomaopopo a me ke kilo ia o ka
mea i hoohuoi ia no kona ma'i, oia hoi ka ma'i lepera a ma'i
alii a mai hookaawale ohana hoi ma kekahi mau inoa.

He mea hiki ole ia oukou e o'u mau pilikana o ke koko hoo-
kahi ke hoomaopopo iho i ke kupouli o ko'u noonoo iloko o
kela manawa, a o ka poe o oukou i loaa a i kau aku ia haawina
like kai ike i ka luuluu a me ka pilihua, a o wau pu ke komo pu
aku nei me oukou e auamo pu ia haawe, oiai, ua ike kumaka

16

au i ka makolukolu o na hauna maawe e haehae ana ia loko a
mokumokuahana.

He oluolu wale no na hana a ke kanaka o ke Aupuni, oia
hoi o Pokipala, ua hele ae kela e hooko i ke kauoha a kona
poo, a he mana ia i loaa malalo o ke kanawai o ka aina. Ua
lawe ia aku la kuu kane imua o ke kauka o ke Aupuni, a ua
nana ia a ua hoopuka ae la ke kauka i kana olelo hooholo e
olelo ana he ma'i lepera maopopo o Koolau, a ua hoopuka ia
ke kauoha e hoopaa ia oia a e lawe ia no Kalawao, kahi hoi i
kapaia e kekahi poe o ka luakupapau kanu ola.

I ka hoike ia ana mai o keia olelo hooholo a me ka olelo
kauoha imua o Koolau, ua hoike pololei aku la no oia i kela
manawa imua o Pokipala i kona manaopaa aole loa oia e ae e
lawe ola ia oia no Kalawao, ke ole e lawe pu ia me kona
ohana, a ua hoi aku la o Pokipala e waiho aku i kana hoike
no keia mau mea a pau imua o kona poo ma ka oihana. Ua ho-
ike mai la kuu kane i neia mau mea a pau, a ua kuka pu maua
i ka maua mea e hana ai, a holo like ko maua manao. Ua
hooholo like iho la maua e noho hoomanawanui pu iloko o na
inea o keia ola ana me ke keiki a maua, a na ka make makou e
hookaawale, a ua paa ka maua hoohiki laahia imua o ke Akua
Mana Loa e hooko aku me ka manaopaa me ke kuemi hope ole.

I ka iho ana aku o na kukuna o ka malamalama o ka la ma
ke komohana a napoo aku la malalo o ka ilikai o ua la nei, a
uhi mai la na eheu o ka pouli maluna o na kualono a me na
kipapa pali o ua aina aloha nei, o ke Kau ia o ka Hooilo i ka
makahiki o ko kakou Haku 1892, ua hekau ae la makou ma-
luna o na lio, a iloko o ka meha a me ke anoano o ia po, huli
aku la ko makou mau alo no ke alahele e pii ai a e iho ai no
Kalalau, a haalele iho la i ke onehanau mahope me ke aloha,
a me ka maopopo ole ka ike hou mai a honi hou i kona mau
kipona ea hooluolu. Iloko o keia huakai, o Koolau, a owau
no hoi, ke keiki a maua, ko'u makuahine a me ke keiki a ko'u
hoahanau, a me ko makou alakai aloha, oia o Kua Papiohuli.
O keia ka makua nana i hookele maalahi aku ia makou ma ke
alahele, me ka makaala mau i ko makou pono iloko o ke aloha
oiaio.

17

Ua naue malie wale ia no na lio o makou ma keia huakai, a ua maikai wale no ko makou alahele, aole hoi i hapapa ikaika loa mai na eheu iniiniki a ke kehau o kuahiwi, a i ka wehe'na kaiao, hoea aku la makou iluna o Halemanu, i ke kahua home kuahiwi hoi o ka makua aloha, oia o Kanuka. Ilaila, ua hoomaha iki i pau ae hoi kahi mauluulu, a i ka maha pono ana, ua hoomau aku la ke kuoehele ana ma ia alapii'na, a i ke kau pono ana o ka la i Kumukahi, hehi ana na kapuai wawae ia luna kiekiena o Kilohana, a kilohi aku la na onohi ike a na maka i ka waiho kaheia mai a Kalalau, me kona poli uluwehiwehi i na lau nahele o ka waokele uka iuiu.

Ia makou i hiki ai iluna o Kilohana, ua hoomaha hou iho la e walea ana i ka olu o ka pa aheahe mai a ka makani, a e makaleho ana hoi i ka nani o na awawa a me na kualono, me na pupupu kauhale o na kamaaina o ia kuono kaulana. Alawa ae la ia luna a hoomaopopo ae la i ke kamoe ae o na ao haeleele hakumakuma, e nihi hele ae ana ma na kakai pali, a hoeu koke mai la no ua kane nei e nee aku ka makou huakai imua no ka iho'na pali, no ka mea, ua hoike mai la na hoailona eia ae na pakaua o Kulanihakoi a haule mai.

Ma keia wahi, i haalele mai ai ko makou makua a alakai aloha, oia o Kua Papiohuli, mahope iho o na panai pu ana i na waimaka o ka walohia i kona huli hoi hookahi mai me na lio, a i ko makou hele kuewa auwana aku hoi ma na lihi kakai pali o ua awawa kaulana nei.

Ua iho malie aku la makou ma ia alahele o ka nihinihi a i ka hapalua paha o ia ihona, o ka manawa no ia i poipu ae ai ka pouli a hoomaka iho la na pakaua e helelei a haukawewe iho la o Kulanihakoi.

I keia manawa, eia no makou ma kaepali, a pili wale aku la no, aohe wahi opu malu e pakele ai mai na pehina a na omaka pakaua, a he manawa pokole, ua puluelo iho la na wahi welu kapa o makou, aka, ua hoomanawanui ia no nae ke anu a me ke koekoe, a i ka mao ana ae o keia kuaua, ua hoomau aku la ko makou iho malie ana a hiki i ko makou hoea ana i Kahalanui, i ko Naoheiki hale kuahiwi, a palekana ae la, ua hiki kauhale a ua loaa ka punana e malumalu ai.

18

Iloko o keia manawa a pau ma ke alahele iho pali a makou
e hoomanawanui nei i ke anu, ua wehe o Koolau i kona aahu
a koe kona mau paleili, a me na lima aloha, ua wili ae la oia a
paa pono ke keiki, e hoike mai ana i ke kau mau o kona noo-
noo a me kona aloha maluna o kana keiki.

E hoomanao e na makamaka heluhelu, mai ko makou haa-
lele ana aku i kauhale, ua hoopaa mau makou i na manawa
haipule, e nonoi ana me ke akahai a me na puuwai mihi oiaio
i na Mana Lani Kahikolu e nana aloha mai a e ninini mai i kona
Uhane Hemolele iloko o makou, me ka uhi mai i Kona mau
Eheu Laahia i Puuhonua a i Alakai no ko makou palekana.
Nolaila, i ko makou hoea ana i keia puuhonua o ka malu-
malu, o ka makou hana mua loa, oia no ke pelu ana iho o na
kuli a haawi ae la i na leo pule hoomaikai i ka Haku Lani, me
ka haawi piha aku ia makou a pau malalo o kana alakai a ma-
lama aloha ana mai.   O na hoomanao mau aku i ka Haku
me na leo pule me ka leo a me ka naau, ua paa mau me ka hala
ole i na manawa a pau oiai iloko o keia noho'na auwana me na
haawina pilihua he nui wale.

Mai keia manawa aku ua noho iho la makou me ka maa-
lahi, a ua ike a halawai pu iho la me ka ohana a me na ma-
kamaka e noho ana ma na paia a me na aekai o Kalalau. I ko
makou noho ana iloko o ia mau la, ua hoohana mau kuu kane
iaia iho ma ka imi ana i na mea e pono ai a e lawa ai ko ma-
kou mau olakino. Aia pu no hoi iloko o ia manawa, ua ike
aku la au i ke ano mahuahua ae o na haawina o ua ma'i hoo-
kaawale ohana nei maluna o ka lei a maua, a no ua kane nei
hoi, aohe ona ano e mai, aka, he wahi ano haula wale no ma-
luna o kona mau papalina, he poha mai i kekahi manawa a
nalo aku no i kahi manawa, aka, ua hoomaka nae ke ano nunu
mai o na kuemaka, e hoike mai ana hoi, aia no ka ma'i ke
nome malie ala ma kana hana iloko o na mahele like ole o
kona kino.

A hala ae la he manawa i piha na anahulu lehulehu o na la
i lawe ia'ku a hala hope maluna o na eheu ahai o ke au o ka
manawa, aia hoi, i kekahi o na la omaka mua o ke Kau ia Ma-
kalapua, o ka makahiki o ko kakou Haku Hookahi Kaukani

19

Ewalu Haneri a me Kanaiwa-kumamakolu (1893), oiai au e noho mehameha ana me ka nanea i kauhale, me ka haupu a me ka lonolono mua ole ia, ua hoohikilele ia a ua hoopuiwa pihoihoi ia'e la o loko o ko'u manawa, i ke kau pono ana'ku a ka ike o ko'u mau onohimaka a hoomaopopo aku la me ka hoohewahewa ole i na helehelena o Louis Stolze (i kamaaina ia hoi ma ka inoa o Lui), ka Hope Makai Nui o Waimea, Kauai, a i ukali pu ia mai hoi e kekahi o kona mau makai, oia o Penikila, he makamaka no o ua aina aloha nei o Waimea o ka muliwai o na waielua. Ua iho mai laua ma ka Pali o Kalou i Kealaiho o Kilohana a hoea ana i ko makou kauhale kuahiwi i Kahalanui, kahi hoi o ka home o ia makamaka o Nahoeiki.

I ko laua hoea ana mai, ua punia koke ae la no na noonoo iloko o'u a hoomaopopo iho la i ke kumu nui o keia huakai hele kuahiwi a laua, aole loa nae au i hoike aku i ko'u pihoihoi a me ka hopohopo, ua uumi iho la au a huna peepoli ia mau haawina iloko lilo, no ka mea, ua puana koke ae la na kokoina a ko'u lunaikehala e i ae ana, "Ua hoohiki oe e koa mahope o ko kane a me ka lei a olua, nolaila, i koa oe no laua." Na keia mau noonoo i hoonalohia aku i na pihoihoi uluku o ka pilihua mailoko aku o ko'u waihona noonoo, a hoomohala pono ae la i na mahele like ole o ko'u lunaikehala, a hoomaopopo iho la au i ka hiki ia'u ke hilinai ia'u iho me ka wiwo ole me ka nohoalii ia e na manao maikai a ewaewa ole. Ku koke ae la au iluna, a pa-kahea aku la ia laua me ka mino aka a me ka leo hookipa oluolu i ko'u puana ana aku me ka hele aku imua o laua a pane aku la:

"He m—a—i! E kipa kauhale!! Mai i kauhale nei!!!"

A halawai pu iho la makou a lulu lima me na kukai aloha pu ana, a hookipa mai la au ia laua me ke ohohia a me ka oluolu ma na ano a pau e like me ka mea hiki ia'u e like me ke ano o ko makou noho'na kuahiwi iloko o ia mau la o ka pilihua a me ka inea. Ua hoohala ia e laua ka manawa no ka hoomaha malaila, a ua nui no hoi ka makou mau mea i kamailio pu ai, e ninau aku ana au no na pilikana o ka aina a e hoike mai ana no hoi laua ia'u, a pela no hoi laua e ninau mai ai

20

ia'u no ko Kalalau mau makamaka a me ko makou noho'na,
a ua hoike aku no au i na mea a pau me ka oiaio, e like me
ka'u ike a me ka'u mau mea i lohe ai. O ka makamua loa
nae o na mea a makou i kamailio ai, oia no na mea e pili ana
i kuu kane. Ua hoomaopopo aku la au i ka haka o na maka
o ka Hope Makai Nui, e aloalo ana ia loko o ka hale, a e halo
ana mawaho ma o a maanei, a huli mai la a pane mai la i ka
ninau ana mai ia'u me ka leo oluolu a me na helehelena maikai
no i ka'u nana aku:
    "E Piilani, mahea Koolau?"
    A pane aku la no hoi au me ka hoike aku i ka mea oiaio i ka
i ana aku:
    "Ma keia kakahiaka ua hele oia i ka hana mahiai ma ka loi
kalo."
    "Mahope iaia pi mai, pehea ka manawa, hola ahia?"
    "Kekahi manawa iaia pi mai awakea, kekahi manawa ahiahi
pi mai."
    Ia manawa no au i ninau aku ai i ua o Lui ina he manao kona
a he makemake paha ia Koolau, e kii au, a e kali no hoi laua,
oiai, he mamao iki no kana wahi i hele ai i ka waele i na kua-
una o kaupapa loi, aka, ua pane mai la no nae kela:
    "No, no, hiki no, mahope wau makemake kamailio Koo-
lau, mahope hele makai, wau makemake nana, pehea la?"
    "Ae! Ina no paha olua kali, mahope no iaia pi mai, oe hiki
no nana iaia a kamailio kela manao oe, kela ka maikai."
    "O, hiki no, aole pilikia, mahope iho mai makai. Pehea iaia
keia manawa? Pehea kela ma'i iaia?"
    "Like pu no kela manawa maua noho ma Kekaha, aole nui,
lili ulaula wale no ma kela papalina, ma kela lae kekahi ma-
nawa, a kekahi manawa pau no."
    "Uhu," iho la ua i no Lui, a pane hou mai la, "oe olelo
Koolau pi mai makai, wau nana a mahope kamailio wau kela
manao."
    "Ae, ina aole olua kali, alaila, iaia pi mai, wau kamailio
pololei ka mea pau oe kamailio."
    I keia manawa i hoeu mai ai kona hoa o Penikila e iho
laua, oiai, ke hoaui aku la ka la no ka aluna ahiahi, a hoeu ae

21

la laua no ka iho aku no ke kahua o kauhale i kahakai, me ka
hai mua mai no nae e iho ana laua a i ko Kaumeheiwa hale e
hoaumoe ai ia po, a ilaila paha e noho ai a hiki i ka pau pono
ana o ka laua mau hana i hele mai ai. Lulu lima pu iho la no
makou me ke aloha oluolu, me kuu kaohi aku e paina laua, aka,
ua pane mai la laua e kali a paina aku i ko kahakai kama-
aina kauhale, a o ko laua haalele ana mai ia i ko koauka kama-
aina o ka noho'na kuahiwi anoano.

Mahope iho o ko laua hala ana aku, ua hoomaka ae la ke
ano e kupouli o ko'u noonoo, holo ae la ke anu maeele iloko
o ka houpo a pilihua mai la o loko o ka umauma, kau mai la
na helehelena o kuu kane aloha me ka lei momi a maua he
keiki, a hookuu mai la na kahawai o na maka i ka laua mau
ukana waimaka e kaheawai, holopuni a poipu iho la ka ukana
haawe o ke kaumaha a me ka luuluu maluna o ko'u hokua, e
haehae ana ke aloha ia loko, e pehi ana i ka manawa a pau-
pauaho—owai hoi ke ole e ike i ka paupauaho, o na ahailono
hikimua iho la no ia o ke Kailiku, o na lima kakauha iho la no
ia o ka mana o ke Aupuni, nana e ume a paina moku ke kaula
hipuupaa o ka berita aloha o ka male hemolele mawaena o ke
kane a me ka wahine, a e okioki hoi a mokumoku manaonao ka
piko o ke kaula gula mawaena o ka puuwai makua a me ka
hua o ka puhaka i hoomanawanui ia ai na kuakoko o ka hoo-
kohi iloko o ka ehaeha a me ka mauleule. Aloha wale, aloha
ino—e!

"O ke anu iniki hoeha o na kipona wehekaiao—ua ike au,
O ke anu hui hoomaeele ili a ke kehau poli kuahiwi—ua ike au,
O ke anu waianuhea kokololio o na omaka Waikoloa—ua
      ike au,
O ke anu mea e hoi keia e hoiloli nei i ka houpo—a ike au la."

E o'u mau ewe o ke koko hookahi e kuka a e haihaiolelo pu
nei ma na meheu o keia moolelo oiaio a'u e kui nei i lei hoo-
manao no kuu kane a me ka opuu aloha a maua, ina paha o
kekahi o oukou me a'u ia manawa, a e noho pu ana a ike mai i
ko'u ano a me ka'u mau hana, aole no paha e nele ana ke
kokolopuni ae o na maawe o ke aloha kaniuhu iloko o ka

22

puuwai, a ike maoli iho no i ka "luuluu Hanakahi i ka pehia e
ka ua loku," a e komo pu mai ana no i hookahi ke kuilima pu
ana e naue iloko o na kupouli o ke au a ka hewahewa iloko o ia
mau la. No ka mea, ua lohe pono ko'u mau pepeiao a ua ike
kumaka hoi ko'u mau onohi i na leo hoehaeha o ke kanikau a
me na hiona o ka manewanewa kupouli o ke aloha mawaena
o na kini o kakou i ka manawa i kau aku ai keia haawe o ka
pilihua nui maluna o lakou, a kailiku ia aku ke kane mai ka
wahine a o ka wahine mai ke kane, o ka makua mai ke keiki a
o ke keiki hoi mai ka poli aku o ka makua, aka, e o'u mau ewe
hookahi, ke hoike aku nei au imua o oukou a imua o ko ke
ao a pau, aole loa kakou e ike i ka piha pono o ko kakou kiaha
i ka pilihua o ke aloha paumako kupouli aia wale no a kau
maoli mai na lima o ua kupuino kanu ola nei maluna o kou i'o,
kou iwi a me kou koko ponoi, a haha mai na maiuu o ke
Aupuni me kona mana kailiku, alaila auanei kakou e ike io iho
ai i ka eha, e like me ka ike ana o ko oukou makamaka nei ia
eha a'u e hoomanao mau nei i na kau a kau. Nolaila, ia'u e ola
nei, aia ko'u kaniuhu pu ana, ko'u kaumaha pu ana a me ko'u
luuluu aloha walohia pu ana me na kini a pau i loaa like aku
me keia haawina hookahi o ka mokumokuahua. Aloha wale
kakou!

A ano mao iki ae la na haawe poluluhi o ka luuluu mai ko'u
mau hokua ae, ua hooholo iho la ko'u manao e hele aku a e
wehe aku i keia mau mea a pau i piha iloko o ko'u waihona
noonoo imua o kuu kane aloha, a me na maka i hoopulupe ia e
na waikoolihilihi, ua pe'a ae la na lima i ke kua, ku ae la a hele
naauaua kanikau aku la mawaena o na kaupapa loi. Ia'u e
uwe hele nei, ua lohe aku la ka lei a maua, a me ke pihoihoi
nui oia i holo awiwi mai ai me ka hoomanawanui a paa mai la
mahope o kuu wahi kapa, lalau iho la au iaia a hapai puiki ae
la i ke keiki ma ke alo, a na'u hoi ka uwe, uwe pu mai la kela
me ka ninau ana mai i na huaolelo o ke aloha me kona leo
nahenahe malie:

"E mama, heaha keia uwe me na waimaka e hoopulu nui
nei i kou mau papalina?"

He mea e ka haehae ia o loko o ko'u puuwai i ke apo ana

23

mai o na lima o ke keiki i ko'u a-i, honi malie mai la a puana
mai la i kela mau huaolelo o kana ninau kuhohonu o ka wala-
nia—a pehea la au e pane aku ai? Ua puua ae la o loko i ka
mana kupouli o ke aloha, ua hiki ole ke pane aku, na ka wai-
maka no e hele, a puluelo iho la maua i ka waikahe o na maka.
Ia maua e hele aku nei, ua lohe mai la no ka makuakane i kuu
leo, a ku mai la kela me ka puiwa, a holo mai la me na hele-
helena piooloke a hopu mai la i ke keiki, me ka manao ua loaa
poino ia, a ninau koke mai la no me ka awiwi a me ka haalulu
o kona mau lehelehe a haloiloi kona mau maka—

"E mama, heaha keia, heaha ka pilikia o keia leo naauaua?"

Lele aku la au a apo like ae la ia laua a iloko o ka'u mau olelo
kaukau ma ka uwe, hoomaopopo koke iho la ia i na mea a pau.
Haawe ae la no kela i ke keiki ma ke kua a hoi mai la makou
no kauhale, a i ka hoea ana ilaila, me ka wai o ka ihu a me ka
waimaka, ua hoike aku la au i na mea a pau mai ka mua a ka
hope imua ona, me kona pane leo ole, a me kona hoolohe pono
i ka'u mau olelo a pau i kamailio aku ai iaia. I ka pau ana o
ka'u mau olelo no keia mau mea, ua pane mai la kela:

"Auhea oe e kuu wahine aloha; mai ae oe e hookaumaha
wale ia no kou noonoo, no ka mea, ua ike no kaua, he hopena
ko na mea a pau. He hopena ko na mea kino uhane a he
hopena ko na mea kino uhane ole, aia nae ia hopena iloko o
ka poholima o ka Haku, ka mea nana i hana ko ka lani a me
ko ka honua; a oiai, ua haawi aku kaua ia kakou iloko o kona
poholima, nolaila, e auamo like kaua i kona ke'a a Nana no e
alakai i ko kaua mau kapuai ma ke ala Ana i kamoe ai no kaua
e uhai ai, no ka mea, Oia ka i ike i ka mea pono, aole o kaua.
Nolaila, e hoolana oe i kou manao a e hoopau aku i kou mau
noonoo hookaumaha, e haawi aku oe i kau haawe a pau me ka
manaoio maluna o ko kakou Haku Makua Lani, a Nana no
e hooluolu mai a e haawi mai ia oe i ka maha ma ka naau a me
ka oluolu ma ke kino."

A i ka pau ana o kana mau kamailio hoopiha manaolana a
ku no hoi i ka eehia, aia hoi, ua hoomaopopo iho la au i ka
mao ana ae o na hiona uluku i uhipaa mua i ko'u noonoo, e
like me ka mao ana ae o kekahi kuaua nui a me ka pohu malie

24

ana hoi o kekahi kikiao makani puahiohio, pela i nalohia aku
ai na haawina ano e a pau, a ua piha ae la o loko o ko'u luna-
ikehala me na manaolana hoonalo pilihua, a kukuli like iho la
makou ma ia wahi a haawi aku la i ka makou mau leo hosana
me na hoomaikai malalo o na kapuai laahia o ka Haku o na
Haku e noi akahai aku ana e malama a e alakai mau mai Kona
Uhane Hemolele ia makou malalo o ka malu a me ka palekana
o ka mana o Kona Aloha Laahia, a ua ike iho la au, ua opuu,
ua kawowo a ua hanau papalua ia iho la na manaolana iloko
o'u ma o ka Mana Kahikolu, ma o ka lawe ia ana aku o na
manao pihoihoi uluku o ke kupouli, a hoomahuahua iho la ka
hoopunana ana o ke aloha iloko o ko'u puuwai a lilo ae la i
kiowaimapuna o na manao koa wiwo ole i hanau ole ia e ke-
kahi kiko o ka hohe wale, a e kau mau ana na hoailona o ka
hae kahakahana imua o ka ike a ko'u mau maka me na hua
palapala e kalahea ana i ka welelau makani o na kukulu eha
o ka poepoe honua a e wawalo ana maluna o na kuahiwi, a e
nakolokolo ana ma na awawa a hoea loa aku maluna o na ale
hanupanupa o ka moana kailipo kaihohonu, e puana ana ma
o ka o-le leo hekili paapaaina i ka lewa i keia mau mapuna hua-
olelo poina ole ia e keia umauma haokila o ia mau la, penei:

"Me a'u kuu Kane Kaluaikoolau,
Me a'u kuu Kama Kaleimanu,
Me a'u olua a waiho na iwi,
Me a'u olua a nalo mau loa!"

I ka lua o ka la mahope iho o ka hoea ana ae o na makai o ke
Aupuni i kauhale o makou a haawi iho ai i ke kauoha, aia
hoi, ua hoea mai la ka lono io makou, e kauoha ana i ka poe
a pau i loohia ia i ka ma'ialii e akoakoa aku i kahakai malalo o
na kauoha a ka Hope Makai Nui o Waimea, oia no hoi ua Lui
nei, no ka hoike ana mai i kona manao imua o lakou. Ua
hooko ia keia leo kauoha e ka lehulehu no lakou keia make-
makeia, a ua akoakoa pu aku la me na makamaka. Mamua
ae nae hoi o ka manawa, ua kuka pu iho la no maua no na mea
e hana ai, oiai, e ui mau ana au i ko kuu kane manao, i mao-
popo ia'u a i ike a makaukau ai hoi au i ka'u mea e olelo ai a e

25

hana a e hooko aku ai ke hiki mai i ka manawa e makemake
ia ai au e hoohana ia'u iho ma kana mau mea e kauleo mai ai
ia'u, kana wahine hoi i hilinai piha ai. A i ka pau ana o ka
maua kuka pu ana, ua hooholo ia iho la e hooko aku i ka leo
kauoha a na luna lawelawe o ke Aupuni, a ua malama ia no
he aha kukakuka a kamailio no na mea e pili ana i na maka-
maka e noho ana maloko o ke kuono o na paia pali o Kala-
lau, no ka manao i hooholoia e ko ke Aupuni aoao ma o ka
Papa Ola, e hopu ia na mea a pau i ike a i hoomaopopo ia a i
hoohuoi ia paha ua loohia ia me ka ma'i hookaawale ohana e
lawe ia no ke Kahua Ma'ialii o Kalawao.

Ma keia aha kukakuka, ua hoakoakoa ia mai la na mea
a pau, a mahope o ko ka Hope Makai Nui Lui hoakaka ana
mai i kana kumuhana i hiki ai ilaila, ua haawi ae la oia i ke
kauoha i ka poe a pau i hoopuka ia e ia ka olelo hooholo ua loo-
hia i ka ma'ialii e hoakoakoa lakou i ko lakou mau pono a
pau a e hoomakaukau hoi no ke kii ia aku i kekahi pule ae a
lawe ia. Ua waiho ia mai la ka ninau imua o ka lehulehu no
ka poe i ae e hooko i keia kauoha a me ka poe e kue a e hoole
ana. Ia manawa, ua haawi aku la na ma'i a pau i ko lakou ae
me ka laelae a koe hookahi iho la o Kaluaikoolau. Ua ku aku
la oia imua o ka luna o ke Aupuni a ua pane aku:

"Ke ninau mua aku nei au, e ae ia no anei ka'u wahine e
lawe pu me a'u, ka mea a'u i hoohiki paa ai imua o ke Akua
Mana Loa, e malama, e lilo i i'o a i koko hookahi no'u, aole
loa hoi e haalele iaia a na ka make wale no maua e hookaa-
wale?"

Ua hoole mai no o Lui i keia, a pane mai la:

"Aole! Aole loa ae kela kau wahine hele pu me oe, o oe
a me na poe pau loa loaa ka ma'i ke lawe ia, aole o kekahi
mea e ae."

"E hoole ia ana au i na lima kokua o ka'u wahine, a e okioki
ia ke kaula gula o ko'u aloha pilipaa nona, a ke kauoha ia nei
au e uha'i i ka'u olelo hoohiki laahia i lawe ai a i hoopaa ai
imua o ke Akua, a e noho hookahi aku au ma kela aina mali-
hini, ke mahae nei ka mana o ke kanaka i ka mea hewa ole a
ka mana o ke Akua i hoohui ai i hookahi.

26

"Ua lawe ia mai ke kanawai laahia o ka male a hoea ma
keia mau kaiaulu, a maluna o ka buke hemolele i hoohiki paa
ia ai maua e noho pilipaa pu iloko o ke kau ai a me ke kau
wi, i ke kau ma'i a me ke kau palekana, e noho onipaa mau
a na ka make wale no e oki a e hookaawale, a ano, ke make-
make nei ka mana o ke Aupuni ma o kona mau lima hooko 'la,
e uha'i au i na kauoha a ke kanawai o ke kanaka a me ke kana-
wai paa o ke Akua, a e uha'i pu au a e hoolilo i ka'u olelo berita
i hoohiki paa ai imua o ke Akua Mana Loa i mea ole. Ua hoo-
hiki paa ia maua e lilo i hookahi, aole e hookaawale a e
haalele i kahi a me kahi, a ano, ke kauoha ia mai nei e hoo-
mahae ia maua, e haalele kahi i kahi, a e mokumoku i ke
kaula gula o ka berita gula hemolele o ka male. O ke aloha
i kanu ia iloko o ko'u puuwai no ko'u iwiaoao aole loa ia e pio
i na waikahe nui, a o ka hoohiki a'u i lawe a i hoopaa ai imua
o ke Akua e mau ia a lele keia aho."

Aa mai la kona mau onohimaka me ka uwila, a kuku pololei
kona mau lihilihi me ka ikaika o ka pinapinai o ka hanu o
kona puuwai e pauma ana ma kona umauma, a kuemi hope
mai la ia me ke ku pololei o kona oiwi kino, haka pono aku la
na maka imua me kona hoike ae i kona manaopaa aole loa oia
e ae e lawe ia kona kino ola a hiki i ka haalele ana mai o kona
aho hope loa i kona kino i hana ole i kekahi hewa kue i ke
kanawai o ka aina, ke ae ole ia kana wahine i male ia malalo
o na kanawai o ka aina e hele pu me ia, oiai, o ka ma'ialii,
wahi ana, he ulia poino ia iloko o ko ke kanaka ola ana, aole
hoi he hewa ku-e kanawai i hana ia e ia.

Mamuli o keia mau olelo hoike manao a kuu kane, ua lilo ae
la ia i mea nune nui ia e na makamaka, a ua hoike ae no hoi
ke poo o k mana aupuni ia manawa i kona manao inaina ma
kana mau olelo kaena me ka hoonaaikola. Aole no nae i hoo-
lilo aku kuu kane ia mau olelo i mea nana e hoomanao ai, ua
hookomo oia ia mau opala o ka manao nonohua ma kekahi
pepeiao a kiola aku la ma kekahi pepeiao me ka poina loa.
He elua la mahope mai o keia la i olelo ia'e la, ua haalele iho
la ua mau lima nei o ke Aupuni ia Kalalau, a hoi mai la no
Waimea, me ka waiho hou iho i ka olelo kauohapaa i na mea

27

a pau i kuni ia malalo o ka hoailona ma'ialii e hoomakaukau lakou me ka mikiala no ko lakou kii ia mai i kekahi pule ae a lawe ia aku no kahi i kapaia ka "Luakupapau Kanuola."

Ua hoi aku no maua no ko maua home kuahiwi i noho mua ai, a iloko o ia mau la mahope mai, ua pii mau ae no na makamaka, a ua nui no na kuka ana mawaena o lakou iho. Ua a'o aku no kuu kane ia lakou e hooko pono e like me ka lakou mea i olelo a i ae ai i ka mana o ke Aupuni, aka, nona iho, e like no me kana hoole ana imua o ia mana, pela no oia e paa ai mahope o ia hoole a hiki i ka hopena, no ka mea, he lohe pepeiao wale no kona no ke ano o ka noho'na o ka aina malihini e waiho aku ai na iwi, me ka maopopo ole o ka mea nana e hooponopono iho ai a e huna iho ai a hoihoi aku i kona kino lepo i ka opu o ka honua ; aka, ma ka aina hanau nei, eia no au kana wahine, ua maopopo iaia ko'u alo pu me ia iloko o na popilikia, a ina oia ke haalele mua mai i ka pili a maua me ka hiialo a maua, alaila, ua ike mua no oia ua hiki i ko'u kino hookahi me ko'u mau lima wahine ke hoomoe malie aku iaia me ka maikai a me ka maluhia ma kona wahi e hiamoe hope loa ai iloko o na kau a kau.

Noho iho la makou iloko o ia mau la me ke kali aku no kekahi pule ae, ka manawa hoi e hoea hou mai ai na lima o ke Aupuni no ka hooko ana i na kauoha a kona leo kuahaua mawaena o na makamaka i loohia ia a i hoohuoi ia no ka loaa i ka ma'ialii. E like no me na olelo a ua kuahaua nei, pela no i hoao ia ai e hoohana a hooko aku i na kauoha a pau. A i ke kakahiaka nui o kekahi la, oiai no makou e noho hoomanao ana no keia kumuhana i oleloia o "ohi ka akau hao ka hema," aia hoi, ua lawe ia mai la ka lono a lohea i ko makou mau pahu kani, mamuli o ka hiki kino ana mai o kekahi makamaka ahailono, a hoike mai la—"Eia ae o Lui ua pae mai la me na makai i lako me na pu, a o ka hana nui i manaoia, oia no ke kii ana mai e hopu a e lawe pio ia Koolau."

I ka lohe ana o kuu kane i keia mau mamala olelo, aole loa i hoike mai kona mau helehelena i kekahi hiona ano e a pihoihoi, aka, o ka mino aka ke kau ana maluna o kona nanaina, a he oluolu wale no ke hoomaopopo ia aku maloko o kona

28

mau onohimaka hauliuli, a pane ae la oia i keia mau huaolelo
e hoomanao mau ia nei iloko o ko'u keena poina ole:

"Ae; ua hiki no ia i ko lakou manao; ua lilo au he pio na ka
ma'i, aka, o ka make wale no ka mea nana e lawe pio i keia
kino, a hoi lanakila aku ka uhane me ka mea Nana i haawi
mai."

Hoike ia mai la ia makou na hoolala ana a ua mana nei o ke
Aupuni me kana mau kauoha, e hopu pio ia Koolau ma ka
lawe ana me kona kino ola, ke hiki, a ina aole hiki ke hooko
pono ia me ke kahe ole o ke koko, alaila, e hoopoino aku ma
na lala o ke kino me ka lawe ole ae i ke ola, a o ke kauoha
hope loa, ina e hiki ole ke hopu ola ia o Koolau, alaila, e ki
pu iaia no ka make. Aka, ua kauoha paa loa no nae o Lui aole
e hoopoino i ke ola aia wale no a ku maoli i kahi e hiki ole ai
ke pale ae i ka hoopoino ia mai. Ua hoopuka ae ua o Lui i
kana mau huaolelo hoonaaikola a ku nohoi i ke kaena ma
kona kalahea leo nui ana ae imua o ka lehulehu ma kana pu-
ana penei:

"Ho! Mahope oukou ike no, Koolau holo ma ke kuahiwi a
mahope olala a nui ka wiwi a poonui, o Lui hopu paa no iaia,
a pau noho Koolau ma Kalalau, o Lui no ke kuleana, o Lui
no ka mana maluna iaia. Pololei Lui olelo, oukou no ike ma-
hope, Lui aole kuhihewa, Koolau kuhihewa, paakiki, nui loa
hookano, mahope iaia uwe no."

Lohe ae la makou i keia mau olelo a haule aku la ka ike a
ko'u mau onohimaka iluna o kuu kane, a hoomaopopo aku la
au e kau ana no ka mino aka oluolu maluna o kona mau papa-
lina e like no me kona ano maa mau, aole loa kekahi wahi
lihi hoailona o ka uluku a ano e, aka, o na haawina wale no
o ka waipahe kona mau hiona, kona leo ke pua mai a me ke
ano o kana mau huaolelo ke puana mai. A me he la i kona
ike ana mai i ka haka pono aku o ko'u mau maka maluna ona,
ua pane ae la kela i ka i ana ae:

"Pela io no hoi paha: he ko io no hoi paha ko ia mau hoo-
iloilo ana i kuu wiwi a i kuu poonui, i kuu nele nae hoi ia me
ka ikaika o neia wahi pauku kino, a ina hoi aole kuu koolua o

29

ka wahine me ka lei a maua me a'u; nolaila, e hoihoi aku no
ke ino i ka mea manaoino."

Ia manawa oia i hoopuka ae ai i kana mau olelo mua loa
a'u i apo aku ai a hoopaanaau ma ke ano he hoohikipaa ma-
waena ona a me ke Akua, oia no kona lalau ana aku i kana
pu punahele ana i kapa mau ai i kona inoa o

"KA'IMONAKAMAKELOA!"

Paa ae la oia i ua pu nei i kona umauma a honi iho la, a
kaukau iho la me keia mau huaolelo ku i ke aloha a me ka
eehia:

"E kuu palepopilikia, ka mea a'u i kaena mau ai aia i ka
imo ana a kuu maka e anapa ai ka elele kamakeloa, ke kau-
ohapaa nei au ia oe e kiai makaala mau ia kakou, a elike me
ko'u milimili a malama makee mau ana ia oe i na la i hala
aku, pela no oe e malama makee mau ai ia kakou iloko o na
la e nee mai nei, a ke hoea aku kaua i ka pahu hopuna o keia
noho'na o ke ao mauleule, ke poni nei au i hookahi o kaua wahi
e moe pu ai, e popo pu ai a e lehu a lepo pu ai. A ke hoopaa
nei au ia kaua iho, e noho maluhia me ka hana wale ole aku ia
hai, ke kue ole ia mai a ke hana wale ole ia mai kaua, a e paio
aku hoi me ko kaua ike a me ko kaua ikaika a pau me ka wiwo
ole e malama ia ke kapu o ko kakou mau kino mai na holapu
limanui a na enemi puuwai pakaha. A o wau o Kaluaikoolau,
imua o ke Akua Mana Loa, ko'u palekana a me ko'u puukala-
hala, ke lawe nei au i ka'u berita olelo hoopaa hope loa, mai
keia la aku e hana aku ana au a e hooko aku ana i na mea
a pau a ma na ano a pau i puka mailoko aku o ko'u waha, a
pela ke Akua ma na Lani Kiekie e kokua a e alakai mai ai i
ka'u mau lawelawe ana. Alanaia!"

E na makamaka aloha e uhaiaholo pu nei me keia moolelo,
e ui a e ninau pu iho ana no paha kakou a pau—owai hoi ka
mea e punia ole ia me na maeele o ka eehia a me ka weli ke
lohe aku i keia mau mapuna huaolelo anoano me ka piha i na
moali o ka manaopaa o ke koa a wiwo ole; he oiaio, iaia
e puana nei i keia mau huaolelo kaukau, aia hoi, ua hohola
ae la na eheu o ka meha laipu ma na wahi a pau o ua kualono

30

kaulana nei o Kalalau, a me he la, aia iloko o ia manawa hoo-
kahi, e hoolono pu mai ana no me na ululaau a me na lauhihi,
na awawa a me na kiekiena a hui pu mai la me na kipona ohu
e nee kipapa ae ana maluna o na piko kuahiwi, i kau a mea
o ke anoano a me ka eehia kuio, a owai hoi ka wahine e piha
ole ana me na manaopaa e ukali pilipoli ma na meheu o kona
koolua kane a hiki i ka hopena, ke lohe aku i keia mau olelo
o ke aloha onipaa. He wahine kino uhane ole paha i nele ia
haawina kamahao ke pale ae i ke aloha o ka hoa i noho koolua
ai a i hoomanawanui pu ai i na pehi a na kipona uluku a ke
kaumaha a me na popilikia he nui.

Ma ia hope mai a hiki wale no i ka haalele ana mai o ka
uhane i ka halekino o kuu kane, ua hoomaopopo pono loa
aku la au i kona makaala mau, e kiai mau ana oia ia makou
me ka aloalo mau o kona mau maka uwila ma o a maanei,
iloko o na ulunahele hihipea a iluna o na pali me na puu a
me na kualapa olaelae. Iaia e hoomakakiu nei i na wahi a
pau, aia hoi, ua ike aku la kona mau maka i ke ku mai o kekahi
halepea ma kekahi aoao mai o ke awawa, a ua maopopo koke
iho la no iaia, he hale kela i hoala ia malaila i wahi e hoonoho
kiai ia ai nona, a ua kauoha koke aku la oia i kekahi poe o
kona ohana e hele e nana i ua halepea nei a e lawe mai i ka
lakou hoike imua ona, i maopopo pono ai iaia ke ano a me
na mea a pau e pili ana i ka hana i manaoia.

I keia manawa, ua haupu koke ae la no kuu kane no ke-
kahi kumu halia i loaa iaia, a ua hai mai la kela ia mea ia'u,
i kona manaopaa eia o Lui ke hoohalua malu nei iaia, a ke
pee mai nei ma kekahi wahi e kali ana a loaa ka manawa ku-
pono no kona hooko i kana mau mea i hooholo ai e hana
mai maluna ona. Mamuli o keia noonoo i loaa i kuu kane, ua
kauoha ae la ia e iho makou a pau i kahakai, a ua hooko ia
keia kauoha ma ke ahiahi o ua la nei. Ia makou e iho ana
ma ke alahele ma kae o kahawai, ma kahi i kapaia o Kahalii,
aia hoi, ua loaa aku ia ia makou ke kuka waniki o Lui me ke-
kahi mau papaa palena iloko o na pakeke a me ka huluhulu
halii moepo, a ua lawe pu ia aku la e makou malalo o na kau-
oha a ua kane nei a'u.

31

Ia makou i hookokoke aku ai i kauhale, ua kaha iho la no ua
kane nei mamua o makou, a halawai pu aku la me ia maka-
maka no ona, me Penikila, ka makai a ukali hoi o Lui, a iloko
o ka laua kukai olelo pu ana, ua ninau aku la kuu kane no Lui,
aia la oia ihea ia manawa, a ua pane mai la nae ua maka-
maka nei me ka maopopo ole iaia, a ma kona manao koho wale
iho no, ua haia o Lui i Hanalei. Aka, mahope koke iho no
nae o ia manawa ua halawai pu aku la no ia me kekahi ma-
kamaka hou, oia o Peter Nowlein (Pika Nolena), ka Hope
Makai Nui o Hanalei a hoahanau ponoi o Kamu Nolena, a
nana i hoike pololei maoli mai i ka mea oiaio mamuli o kona
ikemaka, aia o Lui iuka o kuahiwi kahi i hoomakakiu ai me
ka manao e lelepoipu a lawepio ia Koolau mamuli o kona
maalea a me kona ikaika hookahi. I ko'u lohe ana i keia
mea, ua hoomanao koke ae la au i ka pololei o na mea a pau
a kuu kane i haupu a i hoohuoi mua ai i kona ike ana i kela
halepea ma kekahi aoao o kahawai, me kona hoike ana mai ia
mau mea a pau ia'u. Kupanaha ka pololei a me ka oiaio o na
mea i hoike hikimua e ia aku iloko o kona lunaikehala i o wale
ka la me ka moakaka.

Eia no ua kane nei ke hele nei mamua a oia no kai hiki mua
aku i ko Kaumeheiwa hale, ilaila oia i halawai pu aku ai me
kekahi poe lehulehu o na makamaka e noho ana malaila. I
kona hiki ana malaila, ua haawi aku la oia i kona aloha ia
lakou a pau, a ua hoike pu aku no hoi oia ia lakou i kona ma-
nao penei:

"Auhea oukou e o'u mau makamaka, ke makemake nei au e
hai pololei aku ia oukou, i hele mai nei au e hui a e ike i ka
haole ia Lui, a malia paha o ulu ae kekahi hana mawaena o
maua, nolaila, ina e komo ka manao hopohopo a maka'u iloko
o kekahi o oukou, he mea pono no e hookaawale aku, oiai,
aole i ike ia ka hopena o ia mau hana, nolaila, he mea pono e
hoike mua aku au i ka lono ia oukou i maopopo ai."

A oia no hoi kona manawa i huli ae ai ia Penikila, ka ma-
kai ukali hoi o ka haole o Lui, a pane aku la:

"E Penikila, ua aloha ole a ua lokoino oe ia'u mamuli o kou
hoopunipuni ana mai ua hala ka haole i Hanalei, me ko ike

32

no eia no ka haole ke hoohalua nei ia'u. O oe i keia manawa,
he kanaka make oe ia'u ina i like ko'u manao lokoino me kou,
aia iloko o ko'u poholima kou ola, aka, he aloha no ko'u ia oe
a ia oukou no a pau, nolaila, ua kau aku au i ko'u inaina ma-
luna o ka haole, ka mea nana e hoomakakiu nei ia'u a e kaena
nei e olala au a e poonui a hiki i kona lawe pio ana ia'u, no-
laila, ke poina nei au i kau hana lokoino, a ke malama nei i
ke aloha no oukou a pau.''
      Ua hoakaka aku no nae o Penikila ma kona aoao, ma kona
hoike ana aku i ka mea oiaio i ka i ana aku imua o ua hoa nei:
      "E ola au ma keia mea. E hoike aku au imua ou me ka
oiaio, ua manaopaa loa no au ua hala io no ka haole i Hana-
lei, no ka mea, i kona haalele ana mai ia'u, aole kela i hoike
mai i kona wahi e hele ana, a o ka paa hoi i ke kuka waniki,
a me kona olelo mua e hoouna ia kekahi mea i Hanalei, oia
iho la ke kumu o ko'u manao ana ua hala oia i Hanalei.''
      Iloko o keia manawa a pau eia no kuu kane me kana pu kahi
i paa ai, a ma ka hoomaopopo aku i kona kulana, he mau
hiohiona kona e kau ai ka weli o ka mea e ike mai ana. Ma-
waena o na makamaka, ua noho iho no kekahi poe kakaikahi,
he poe no nae hoi lakou i komo pu iloko o ke aluka hookahi,
a i manao mua no e noho pu me makou, oiai, he poe no lakou
i hooholo mua ia e ka haole e lawe, aka, o ka nui aku ua pau
loa i ka holo i kahakai, pau pu me na makai, oiai, ua ike ku-
maka ia ae la eia o Koolau, ke ahikanana, ua hoea mai, nolaila,
ua kau ka weli i na mea a pu, oiai no nae e noho ana ke aloha
iloko o ko Koolau puuwai no lakou a pau o ka pupuu hookahi,
a he aloha oiaio kona, ana no hoi i hooia ae ai ma kana mau
hana a pau mahope mai, a o kana no ia i kauleo mua aku ai
e hookaawale lakou i kahi okoa, no ka mea, aole i ike ia aku,
malia paha e ulu mai ana he hana nui mawaena ona a me
Lui, ke hele mai oia e hoao e hooko i ka hopena o kana mau
kaena i kuahaua ai, nolaila oia i makemake ai e kaawale mua
lakou ma kekahi wahi e komo pu ole mai ai lakou iloko o na
hopena ike ole ia o ia mau hana. He hoike a he hooia oiaio
loa keia no na manao maikai a me ke aloha o kuu kane i na

33

kini e noho ana ma ia mau kualono poina ole ia iloko o ia mau la o ka pihoihoi a me ka weli.

Ma ia po ua noho meha laikupouli wale ia no, me ka makaala mau o ke kane ia makou, aole loa i pili kona mau lihilihi no ka hooluolu a hiki wale no i ka manawa a na kukuna o ka la e uhola ae ai i kona nani malamalama maluna o ka aina, aka, aia mau oia e kiei ana a e halo ana, e hoolono ana me kona mau pepeiao hala ole o ka lohe, a e makaukau mau ana me kona kino eleu a me kona ola ana i molia ai no ke pale aku i ka poino ke hookokoke mai iaia a me kona ohana. He oiaio, he hana nui kana ia po, oiai, na iala ka oloio ma o a maanei me na kapuai nihi me ka mama lua ole, a o ka'u no hoi ke ala pu aku me ke kane.

Pela iho la a hiki i kekahi la ae, a oia kona manawa i hoonoho ai i na kiai ma na aoao o ka hale, i loaa ai iaia i wahi manawa e hooluolu ai, me kana kauohapaa, ke ike ia o Lui a o kekahi paha o kona mau makai e hele mai ana, e hoala koke aku iaia mamua o ke kokoke ana mai. Ia la, aole mea i ike ia, a ua loaa aku la iaia a ia maua no a ielua he manawa e hooluolu ai, a e hoomanao iho e na makamaka heluhelu, ua loihi ka manawa i pili ole ia ai na maka mai kuahiwi mai, a i keia pili ana, ua loaa ole no ka hoomaha kupono ana o na lihilihi, no ka mea, aia iluna a ilalo kahi manao, oiai, ua lawehele ia mai la he lono lauahea, e hiki ae ana o Lui ilaila ia po iho, a e hopu pio ana ia Koolau ina no ke ola a no ka make, nona ka ilina o kona manao a pau e hooko i kona manao a me kona mana maluna ona, a e hooko ana oia ia mea. Iloko no nae o keia mau lonolono e lawe ia mai nei io maua, aole loa au i ike aku i ke ano e a ano pihoihoi mai o ua kane nei, aka, aia mau wale no oia iloko o ke aheahe malia a me ka oluolu, e hooni ae ana hoi i na manao aa iloko o ko'u umauma e i ae ana "me oe mau au a waiho na iwi."

I ka aluna ahiahi ana aku o ua la nei, a hoomaka mai la e uhi na eheu o ka po, ua hoeu mai la no ua kane nei e puka maua a mawaho e kiai ai no ka hiki mai o Lui, elike hoi me ka oleloia. Ua puka aku la no maua a kaawale iki ma kekahi kala o ka hale, ma kahi o kekahi pohaku e ku ana, a pili aku

34

la maua malaila, a o Iwa a me Kala, he mau kanaka opio, aia
no laua i ka hale ia manawa. Ua noho okuu iho la maua ma
kahi o keia pohaku, e kiai ana a e hoolono ana i na manawa
a pau, me ka maopopo ole i ka hopena e kau mai ana iloko o
ia mau minute o ko maua ola ana. Ia po, aole no he pouli
poipu loa, aka, he mahina olino no ke kau ana, me na maka
ikaika o ka ike, e hoomaopopo powehiwehi ia aku ana no
kekahi mea ke ano kokoke iki mai nae, aole hoi o ka mamao
aku.

Ia maua e hoopu ana ma kahi o ua pohaku nei, me ka meha
laipu o na mea a pau, aia hoi, mawaena paha o ka hora 9 a me
10, ua lohe koke aku la no na pepeiao kiu o kuu kane i ka
nehe o kapuai wawae ma kahi o ke alanui e hele mai ai, a
hawanawana koke mai la no kela i kuu pepeiao:

"Eia io ae ka haole, ke lohe nei au i na kapuai wawae, elua
nae laua," a honi mai la kela ia'u me ka i ana iho—"I nui ke
aho, he make ka hoi no kaua!"

He manawa pokole mahope koke iho, ua ike ia aku la me
ka maopopo ke aka o na kino i ka hele papu ana mai no ka
hale, a mamua pono, lohe pono aku la no maua i ko Lui leo i ke
kahea ana mai ia Kala, a oia no ko maua manawa i ike aku ai
i ka holo o Kala a me Iwa ma kekahi aoao me ka mama loa, a
kahea hou aku la o Lui me ka leo nui—

"Kala! Ku malie oe, oe malama, oe ku!"

A lohe moakaka ia aku la ka nakeke ana ae o ka pu, a ia
manawa koke no i pale mai ai kuu kane ia'u ma kuu umauma
a kulana aku la au mahope ona, a he owaka ana na ke ahi
o ka pauda, ua kani uina koke aku la kana pu ia manawa
pokole loa, a lohe aku la au i ka leo o ka haole i ka pane ana
ae: "Hu, eha." Hohola ae la ka pahola o ka leo o ka pu a
wawalo hele aku la maloko o na kualono a kupinai mai la ma
na wahi a pau, e hoike laulaha ae ana he mea ano nui weli-
weli kana e hooho ana ua hana a ua hooko ia ma ia manawa,
maloko o ke kuono o Kalalau ma ia po poina ole ia. I keia
manawa, ua ike aku la maua i ko Lui kokoolua i hele pu mai
ai e like no me ka mea a kuu kane i olelo mua mai ai, he elua
laua, oia o Paoa, he kanaka no ia ua loaa ia i ka ma'i, a ua

35

hopu ia mai e Lui i kuahiwi. O keia Paoa ka mea i holo mai a i kahi o ka haole i ku aku ai i ka pu, oiai o Koolau e hele aku ana, a ua hoao iho la e pepehi i ka haole, aka, ua huhu koke aku la o Koolau iaia, me ke kauoha aku e nana pono ina ua make; ia manawa no hoi i kahea mai ai kuu kane ia'u e hele aku, a i ko'u hiki ana aku, ua ike koke aku la au ia Lui e kukuli ana a e paa mai ana no i ka pu, a hooho mai la o Paoa, "E ki aku ana," a oia ka manawa a kuu kane i ki ai i ka lua o ka pu, a o ka make ana ia o Lui. Huli mai la ua kane nei a pane mai la, "I hakalia iho la au, ina la o wau ke make mua i ka haole"— a ua pane aku la au, "He mea oiaio kela." A pela io no, ina aole o Paoa malaila i kela manawa, a ina aole oia i kahea mai i kela mau huaolelo, "E ki aku ana," ina la ua make mua kuu kane a he mea maopopo o wau aku no ka ukali mahope ona, oiai, ua makaukau ka haole me kana pu no ke ki mai. O ka la 27 ia o Iune, M. H. 1893.

Ia manawa, ua hele aku la kuu kane a hoike akea ae la i kana mea i hana ai, a hoouna ia aku la kekahi kanaka o Pahee ka inoa e hele aku a hai aku i na mea i hanaia imua o ka lehulehu, me ka hoopuka pololei aku i na olelo huna ole a Koolau e i ana, "Ua make ka haole o Lui, na'u i ki iaia me kuu pu." O Wahinealoha ke kanaka mua loa i hiki mai imua o Koolau ia manawa a i lohe pono i keia mau olelo hoike a hooiaio a kuu kane, i hoouna ia ae oia malalo o na kauoha hoolimalima a ka makai Penikila e ku kiai a e malama i ke kino make o ka haole. Ua hapai like aku la makou i ke kino make a kau iluna o ka lanai o ka hale a hoomoe malie iho la maluna o ka papahele. Aia i keia manawa, mahope koke iho o ka lohe ia ana o ka wawalo o na leo kani o ka pu a maopopo ka make ana o Lui, ua kau koke aku la o Kaumeheiwa maluna o kona waa a hoe aku la no Mana, e ahai aku ana i ka lohe no keia nuhou hoohikilele a ku no hoi i ke kau o ka weli, a ua hiki aku la oia i ka hale o ka Luna Nui o ka mahiko o ia wahi, oia o Mr. Faye (Paea), a mailaila aku ka holopapa ana ae o ka lono kelepona no ka make o Lui, Hope Makai Nui o Waimea, Kauai, mamuli o ke ki ia ana i ka pu e Koolau a make.

I ka wehe'na kakahiakanui o kekahi la ae, ua hoeu mai la

36

kuu kane ia'u, me ka pane ana mai: "Ua pau ka'u hana, ua
pakele ko'u ola, a ano, e huli hoi aku kakou no ke kuahiwi,
e kali aku no ka hopena." Ia manawa koke no makou i haa-
lele iho ai ia kahakai a hoi aku la no ke kuahiwi, a o Paoa me
kekahi poe e ae kai ukali pu mai ma keia huakai a makou. Ia
makou i hoea ai iuka, ua ku ae la ka mokuahi Waialeale mai
Hanalei ae, i kii ae malalo o ke kauoha a na mana o ke aupuni
e lawe aku i ke kino make o Lui, a ua lawe ia aku. Iloko o
keia manawa, ua hele aku la makou a ua noho i kauhale me
ke kali aku no ka hopena, e like me na olelo a kuu kane, me
kona hoike ae i kona manaopaa, o ka lepo o ke kuono a me na
kualapa kuahiwi o Kalalau ka mea nana e uhi i kona mau
iwi, a o wau o kona koolua ka mea nana e huna nalo loa, a
ua hooko pono ia no hoi mahope mai o kela mau olelopaa i
puka ae mai kona waha.

Ia makou e noho nei, aole loa i ike ia ae kekahi o na lima
makai o ke aupuni iuka, a ua anoano pu wale mai la no na
mea a pau. I kekahi la, ua hoomaka aku la o Paoa e iho i kai,
a oiai oia ma kona alahele, ua halawai pu aku la me kekahi o
na makamaka o kahakai, a me ke pihoihoi nui, ua hoike ia
mai la kekahi lono nuhou hoohikilele manao imua ona, a penei
ka mea i hai ia mai iaia:

"E Paoa, hoi hou oe iuka, ina ae ka make ua hoea mai la.
Ua ku mai la ka mokuahi Iwalani me ka piha me na makai,
na koa, na pu a me na lako kaua, i hele mai nei e kaua ia
Koolau, a e kipu i na awawa a me na kualapa o Kalalau nei
a hiki i ka loaa ana o kona kino ia lakou, ina no ka make a
no ke ola, aohe nana ia."

Mamuli o keia lono weliweli i loaa mai la ia Paoa, ua piha
loa ia ae la kela i ka makau—a owai no hoi ke piha ole i ka
makau i kau a mea o ka nui hewahewa o keia mau hooma-
kaukau me na lako hoouka kaua, i hookahi no ka kuu kane,
pihakuineki ana ka moku me na koa a me na mea kaua. Me
ka nui o ka hanu a me ka paupauaho i hele a haalulu i hiki ae
ai ua o Paoa i kauhale, a i kahi e no i kahi e, hoike mai la kela
i ua nuhou nei ia makou a imua o kuu kane, penei:

"Auhea oe, aia ko make i kai, ua hoea mai la i keia kaka-

37

hiaka, a me he la o kakou pu no a pau ke papapau pu aku ana
i ka make. Ua ku mai nei ka mokuahi me na koa me na pu, a
i kii ia mai nei oe e ki ia i ka pu no ka make ana o ka haole o
Lui ia oe, a oia ka mea hoike aku ia oe a ia kakou no a pau."

Kau ae la na helehelena o ka weli maluna o na mea a pau
a mae ae la a haikea na papalina me ka mumule a pane leo ole
ae o kekahi, he anoano meha pu wale no a kau iho la na kau-
hola o ka eehia menemene maluna o ke anaina, aka, aia i kela
manawa, ua kau aku la no ko'u mau manaolana a me ko'u
hilinai a pau maluna o na hokua o kuu kane aloha, a ike aku
la au i ke kulou ana iho o kona poo a ano liuliu iki, ea ae la
oia a me na maka i piha i ke aloha a me ka leo nahenahe ma-
lie, ua pane ae la i keia mau huaolelo o ke ano makua, a o ka
palua keia o kona hoao ana e haawi i keia kauoha, a penei
no ia:

"Ae; nani hoi ua kii ia mai la e make, heaha la hoi, he make
no ka hoi ka hopena o na kanaka a pau, a hookahi no make
ana o ke kanaka. A nawai hoi e ole ka make, ke hele mai nei
ka hoi me ka moku kaua a me na puali kaua me na lako kaua;
pehea auanei hoi e pakele ai o Koolau hookahi nei, aka, o
Iehova no ko'u palekaua, a maluna ona au e hilinai ai iloko
o ko'u ola ana i puuhonua a i palekana no'u a no kakou a pau.
Aohe ka hoi o'u, he hookahi wale iho no au, o oukou ka hoi,
no'u hookahi keia make e uhaiaholo ia mai nei, e poino u'a wale
no paha auanei ko oukou mau ola; nolaila, o ko'u makemake
a me ka'u kauohapaa ia oukou a pau e o'u mau kini, e hoi
oukou i kai oi hoea ole mai ka pilikia, o ka manawa keia imi
aku i ke ola, aole pono e hoolohilohi iho, a mai kakali mai
oukou no'u no ka mea, ua hoohikipaa au aole loa au e haawi
pio a hiki i ka lele ana o ko'u hanu hope loa, ina no he mau
kaukani ka nui o na koa me ka lakou mau pu, o kuu kino
make ka lakou e lawe pio mamua o ko lakou hopu ana i kuu
kino ola. Nolaila, e hoi oukou, a i lohe mai ua make o Koolau,
alaila, hoomanao wale iho i keia mau olelo a'o ia oukou, ua oi
aku o ko'u ola hookahi ke molia ae, a e pakele aku hoi ko
oukou, ka poe i hewa ole a i hae ole ia hoi e ka inaina o na
puuwai hae i hele aluka mai la me na elele a ka make. No-

38

laila, e hooko oukou i keia, a i hui hou aku no hoi kakou, he
pomaikai ia mai ke Akua mai, a ina no hoi o ko kakou halawai
hope loa ana iho la keia iloko o keia ola ana, alaila, o ko'u
aloha nui me oukou pakahi, a e lawe aku oukou a haawi aku
ia aloha, a e uwe pu aku me na kini a me na makamaka o ka-
kou, a e hoike aku, eia no ka'u mau leo pule ke pii mau nei
malalo o na wawae o ko kakou Haku Lani no kona malama a
kiai aloha mai ia kakou a pau. Aloha kakou."

Oiai kuu kane e kamailio nei imua o na makamaka, ua hoo-
kuu mai la kona mau lihilihi i na omakawai o ke aloha kulipo
oiaio e hoopuluelo ana i kona mau papalina, a ua haule iho la
he kuaua nui o na waimaka o ke aloha paumako mai na maka
mai o na mea a pau, a e ka hoa e kaunu pu nei ma keia moo-
lelo, ina no paha o oe pu kekahi me a'u iloko o ia minute,
alaila, he mea maopopo loa, e loaa like ana no ia oe na haawina
i hekau iho maluna o'u, oia hoi ka piha walania o loko i ka
ehaeha i ka houhou ia e ka oi o na kuikele a ke aloha kupouli,
aloha wale. Mamuli o keia mau olelo a ua kane nei imua o na
makamaka, ua hoomaka iho la lakou e kuka, a ua ui aku a ui
mai ko lakou manao, ua maopopo aku la no nae ia'u ko lakou
manao e noho pu no me kuu kane a hiki i ka hopena, a ua
hoike mai no lakou ia mea ma ka olelo ana mai:

"Aole makou e ae e hoi aku i kai a e haalele lokoino iho ia
oe mahope nei, e aho no e noho pu kakou a na ka hopena e
hoike ae i na mea a pau, oiai, aole i ike ia ko makou hopena
ke hoi aku, malia he lawe pio ia a he make, nolaila, ua like
no ia me ka noho ana iho i kuahiwi nei, ina no ke ola a no
ka make paha, o kakou pu a pau ilaila."

Ua hoomaopopo aku la au i ko kuu kane pihakui i ke aloha
eehia no keia mau huaolelo, aka, ua pane hou aku la no nae ia
me ka leo malie: "Auhea oukou e o'u mau hoa, he oiaio no
ka oukou mau olelo i puana mai nei, aka, ua maopopo no ia
kakou a pau he make kela i hoea mai la, he hana ka kela mau
koa a me kela mau pu, a oiai aohe a oukou mau pu, aohe na
poka, a ua hemahema kakou, alaila, e mauae wale ia ana no
ko oukou mau ola me ka hiki ole ke pale aku i ka make, o ka
kakou auanei paha ke ku olohelohe aku a o ka lakou la ke

39

kipu mai, heaha la auanei ka waiwai o ka'u wahi pu hookahi?
Nolila, e hoolohe oukou i ka'u, a malia o hui hou aku no ka-
kou malalo o ka ke Akua alakai ana."

Mamuli o neia mau olelo a'o maikai a ua kane nei, ua hoo-
holo iho la ua mau makamaka nei e hooko aku a e hoi aku
no kahakai, a hoomaka iho la ka hoomakaukau no keia huakai
huli hoi. Aia i keia manawa i hoohikilele mai ai ua kane nei
ia'u, i kona huli ana mai a me na waimaka e hiolo ana, pane
mai la me kona ano mau o ka piha aloha:

"Auhea oe e kuu wahine, kuu hoa i alo pu mai ai me ka
hiialo a kaua i na pilikia a me na inea a hoea mai la i keia
manawa, a me he la, o ko kakou pahu hopu hope loa paha keia,
a hookaawale mai ke Akua ia kakou, no ka mea, ua nalu iho
nei o loko o'u a ua hooholo iho nei ko'u manao, e kipaku au
ia oukou e hoi pu i kai me neia mau makamaka o kaua. No
ka mea, o ko olua noho ana mai he hoopoino wale ana aku no
ia i ko olua ola a me ko olua mau kino, a he luuluu hoi ke noo-
noo ae no ke keiki aloha a kaua i hiialo pu mai la a hiki i keia
manawa. Nolaila, he mea pono e hoi pu oukou a e haalele
iho ia'u hookahi e noho iho mahope aku nei. E hoomanao
mai no hoi oe e ka wahine, he hookahi wale iho no au, a he
nui hoi oukou, e hoololohe auanei paha hoi oukou mahope o'u,
pau pu kakou i ka poino, nolaila, oiai ke kii ia mai nei au no
ka make, e aho o wau hookahi ke make a e ola hoi oukou."

He mau olelo walania kuhohonu loa keia a kuu kane, a he
mau huaolelo a'o no i piha me na manao maikai a ku i ke aloha
oiaio no maua me ke keiki a maua, aka, ua lilo wale no ia mau
olelo a pau i mea kapae a noonoo ole ia e ko'u lunaikehala,
no ka mea, ua hooholo ia ko'u manao a ua paa, aole loa e hiki
i ka mana o kekahi mea honua ke hoololi a hiki i ka hopena,
a ua hoike aku au ia mea imua o kuu kane me ka hoohiki
paa loa no ka manawa hope loa, ma ko'u pane ana aku penei:

"Malalo iho o na ao kaalewa o na Lani Kiekie a imua o ke
Akua Mana Loa, ke lawe nei au i ka'u hoopaa a ke hoohiki-
paa loa nei, aole loa au e ae aku i kou manao, aole loa hoi
e hooko i keia kauoha au, a aole loa hoi au e haalele i ka ukali
ana mahope o kou meheu a hiki i ka wa a ka make e hoo-

40

kaawale ai ia kaua, a ma keia, e make mainoino au ke hooko ole au i keia olelo hoohikipaa a'u e molia nei i ko'u kino a me ko'u ola—amene."

Na keia mau mamala olelo hoohikipaa i puka mailoko aku o ko'u waha i hoopau aku i na koikoi ana mai o ua kane nei no ko'u haalele aku iaia, a ua apo like mai la no kela ia maua me ke keiki me ka puiki ana aku me ke aloha kane a makua no hoi. Ua hui aloha pu iho la me na makamaka ia manawa, a me ka makuahine pu o maua, me ko lakou nana hope loa ana mai i na heleheiena o kuu kane a me ke keiki a maua, a me ka maopopo ole hoi malia paha o ko lakou ike hope loa ana mai la no hoi ia ia makou, ua haalele iho la lakou lehulehu ia makou iloko o ka meha, a koe kokookolu wale iho la no makou iloko o ia waonahele a iwaena hoi o na pali kualapa a me na awawa anoano a echia o ua kuono kau ka weli nei o Kalalau.

I ka hala ana aku la o na makamaka me na waimaka paumako o ke aloha mokumokuahana, ua hoeu koke mai la no kuu kane e pii hou aku maluna o kekahi wahi kiekiena, a ua hooko ia kona makemake, a hoea aku la makou i kekahi wahi i kapaia ka inoa o Waimakemake, e pii ana ma ka aoao o kahawai a kau pono makou maluna, a hoomoana iho la ma kekahi wahi olaelae e hiki ai ke noho iho me ka lewalewa no nae o na wawae ilalo, he pali kiekie ku pololei ma ko makou kua, a he pali iho'ua kuhohonu hoi ma ke alo, a ua uhipaapu ia o mua, ka akau a me ka hema e na lau o na laalaau a me na mea hihi, e kolo a e uhi hihipea ana ma o a maanei me ka hiki ole ke ike aku ia mua i kaua mea o ka paakupouli ia e na uluwehiwehi o ka waonahele.

A e na makamaka heluhelu, ke hoomaopopo iho la no oukou i ke ano o ko makou hale i noho iho ai iloko o ia mau la makamua o ka uhaiaholo a ka make i ke ola o kuu kane. O ka la ko luna i ke ao a o na aopolohiwa a Kane ko ka po, o ka olae kaepali ka honua, o na lau hihipea uhipaapu ka malumalu kaupoku, a o ke kapa kehau ke koloka e pukukui pu ai iloko o na poli. He wahi miki ai uuku a he wahi puhi maloo hookahi kahi i'a me makou ia manawa, aole ka wai, a i ahona

41

i ke omo ia o kehau iluna o na lau laau, ua hoomanawanui ia no nae, me ka lei ahonui a maua.

I ka haule ana aku o ka onohi o ka la malalo o ka ilikai o ke kukulu komohana, a uhola ae la na eheu o ka po ma na wahi a pau o ua kualono nei, ua anoano a meha pu iho la ko makou noho ana; aka, aole no nae i liuliu loa, aia hoi, ua oili e la ka ui mohala konane o ka mahina maluna o na pali kie-kiena a pahola iho la i ka nani liula o kona wahine ui ma-luna o na papalina o ka aina, pa aheahe mai la ke ahekehau o ke kuahiwi, a hooho kupinai ae la na leo hoa'loha'loha o na pupukanioe ma na wahi a pau, e okomo mai ana i ka hoene o ka lakou mau mapuna mele iloko o ko makou mau pahukani, me he la he mau leo hoolanamanao mai na mana ike ole ia e puana mai ana—

Iloko o na kekona, na minute a me na hora,
Iloko o ko oukou noho meha a pilihua ana,
Iloko o na pua, na lau a ma na wahi no a pau,
Iloko o oukou a mawaho o oukou—Owau pu no me
oukou.

I ka omaka ana mai o ka malamalama o ka la a nalo aku la ka po i ka wehe'nakaiao o kekahi la ae, ia makou e pahola ae ana i na leo pule hoomaikai i na Mana Lani no Kona ma-lama maalahi mau mai ia makou, aia hoi, ua hoohikilele ia ae la ko makou hauli i ka lohe ana aku i na leo walaau e pa-e mai ana mailalo mai, a ua lilo iho la ia i manawa maikai loa no ke noi pakui hou aku i ka Makua ke Akua Hemolele e kiai a e malama ahonui mai ia makou iloko o Kona mau poholima mana Kahikolu. Hoolono aku la makou a hoomaopopo aku la me ka hoohewahewa ole, mamuli o na leo olelo haole a me ka nakeke o na lako pu, he mea oiaio, o ka pualikoa keia a ma-kou i lohe mua ai, a ke hoao mai nei e hooko i ka lakou mea i hooholo a i kaena mua ai, e hopu a lawe pio a i ole e ki pu a make kuu kane. A e ka mea heluhelu, e na makamaka, e hoike aku au ia oukou i ka mea oiaio, e like me na mea a pau a'u e hoike nei maloko o keia moolelo, ua ike kumaka au i ka

42

nui o na mea e weliweli ai mamua aku o ia manawa, ua kau
mai na hikimua e holopuni ai ka makau kupouli iloko o ka
houpo, aka, ua pale ia kela mau mea a pau e ko'u manaokoa
a me ka manaopaa o ka wiwo ole, a hiki mai la nae i keia ma-
nawa, ua hoomaopopo iho la au i ke ano e a me ke ano puanu-
anu a pihoihoi mai la o loko, oiai, ua ike iho la au eia io maua
he alo a he alo me ka make.

Ia makou e noho aku nei, ke lohe aku la no makou i ka
wawalo o na leo walaau e kupinai ana ma na kualono, a ma
keia wahi la, e na makamka, e hoomaopopo iho ai oukou i ke-
kahi o na hana hoomaewaewa inoino loa a na Piki i hana ai
me ka hookano nui, a i hoolilo ai ia lakou iho a me ka poe a
pau e paa ana i ka mana o ke Aupuni Piki nana i hoouna mai
ia lakou e lawe i ke ola o ke Kaeaea Koolau, i ko lakou lapu-
wale a hoolilo i ko lakou kulana a me ka inoa i mea e hoo-
pailua a e hoowahawaha loa ia ai e ka poe uhane ola i hanau
ia me ka lunaikehala o ke kaulike a noho'na Kristiano, ka pono
hoi a ko lakou ano hookahi i lawe mai ai a kanu iloko o ka
lepo o ko kakou aina oiwi aloha. I ka hiki ana o keia poe
koa Piki puuwai hackoko i kahi o na hale a makou i haalele
aku la, oia o Kahalanui, a i ko lakou hoomaopopo ana iho
aole kanaka o kauhale, aole hoi ka lakou mea i hae ai, ua hoo-
maka iho la lakou e puhi i ke ahi i na hale a me na lako a pau.
Lohe aku la ko makou mau pepeiao i ka owe o ka ikaika o
ka ula o ke ahi a me ka paapaaina o kana mau mea e nome-
hala ole ana, a pii ae la ka ulawena iloko o ka punohu uwahi
i ka lewa, a hoopiha ia ae la ko makou mau puuwai me ke
aloha, aole no na hale a me na lako wale iho no, aka, no na
makamaka hewa ole, ka poe hoi no lakou ia mau home, oia
hoi, o ko Naoheopio hale, a makou i hoopunana iho ai i na
la mamua iho, ko Paoa hale a me ko Koala hale. No kuu kane
ka inaina o keia poe, ka mea lihi kuleana ole i keia mau hale,
kii wale aku la no nae e puhi ahi i ko hai waiwai, i kau a mea
o ka wela o ko lakou mau puuwai i ka inaina a me ka hae e
hana i na mea hoopoino a pau e hiki ana ia lakou, me ka ma-
nao hupo he kumu hoopilihua ia e makau ai a haawi pio wale
aku kuu kane. O ke ino keia o na ino a o ka lapuwale o na

43

lapuwale a keia poe koa Piki mahaoi nui wale i hana ai ma-
luna o ka poe hewa ole no lakou kela mau hale a me ko lakou
mau wahi lako. Na keia mau hana i paila ae i ka inaina mao-
popo iloko o ka waihona noonoo o ua kane nei a'u, a ua piha
paila pu aku la me ko'u lua o ka inaina, a ina no paha e loaa
koke ana kekahi o lakou iloko o ko'u mau poholima ia ma-
nawa, ina la ua uwimaloo ia na iwi o ke kolohe a haawi aku na
ka enaena o ka lakou ahi e hana mai a lilo i mea ole. A hoea
mai i keia la, aole loa i pau ka nonohua o ko'u lunaikehala no
keia mau hana pakaha, puhiahi, limanui a kela poe Piki kolea
kauahua mahaoi o ka aea ana mai a noho hookano iho iluna
o ka umauma waimeli o kuu aina kulaiwi. He mea maikai
ole ka hoomauhala, wahi a ke a'o mai a ua poe Piki nei, aka,
ua hooholo au iloko iho o'u, o kela mau hana puhi ahi kuleana
ole a lakou, a me ko lakou hele pualikoa kaua nui ana mai me
na pu laipila a me na pukuniahi e kaua a e ki pu a make ke
ola o kuu kane oiai oia hookahi wale iho no ma kona aoao,
he mau hana ia e hilahila ai ko ke ao nei mau mana aupuni; a
no ia mau kumu, ua paa kuu manao, a aole loa e pau a e poina a
huikala ia na hoahewa o ko'u lunaikehala a hoea mai i ka la,
ka hora, ka minuke a i ke kekona hope loa o ko'u ola—iloko ia
o'u a me a'u ia a i ko'u hopena me ko'u hana a oni ole aku.

Ua hala hope ae nei he mau makahiki lehulehu mai ia la mai,
a ua loli ae nei ke au o ka manawa. Ua pau kekahi poe o
lakou i ka haalele mai i na kaiaulu o Hawaii nei, ke noho mai
nei no kekhi poe mawaena o na kupa o ka aina, a ua hiamoe
aku kekahi poe iloko o ka hiamoe mau loa. A hiki mai i keia
la, ke manaoio nei au, ke hoomanao ia aku ko lakou koena e
ola mai nei no keia mau hana puhi ahi a lakou, aole no e nele
ana ko lakou mihi a hoahewa ia lakou iho, i oi loa aku hoi ke
ike iho o neia mau hale a lakou i puhi ai i ke ahi, no kekahi
poe no i haawi pio mua a paa malalo o ko lakou mana, a no
ka poe hewa ole, kue ole aku ia lakou a i hooko hoi i ka lakou
mau kauoha. A ma keia mau hana, owai la kai poino? He
mea maopopo o ka poe no lakou ia mau waiwai, ka poe hewa
ole a i hui pu ole me kuu kane, a o na poino a lakou i manao
ai e kau maluna o Koolau, ua kau aku la me ka weliweli a me

ka hoopopilikia nui maluna o ka poe hewa ole oiai lakou e
hooko a e hoolohe mai ana i na kauoha a pau a ua puali puhi
ahi nei.   No'u iho, ke manaoio nei au, aole loa he puuwai i
noho ia e ka lunaikehala o ka noonoo aokanaka a i hanau ia
he wahi kulu lihi iki o ke aloha iloko o kona umauma e ae ana
e apono aku i kela mau hana, aka, o ka ahewa maopopo ke
puana ia.

Hoolono malie aku la maua i na hauwalaau a maopopo iho
la, ua pii mai la na koa Piki a aia lakou malalo koke aku no o
kahi a makou e noho nei, aole no i mamao loa, aole nae he ike
ia aku, oiai, ua paapu loa i ka uhi ia e na laalaau a me na lau-
hihi.   Ia makou e hoolono malie nei, ua hoopuiwa hou ia ae
la ko makou hauli me ka lelele pihoihoi o na oili i ke kani
paapaaina o ka leo o na pu ma na wahi lehulehu, e hu ana a
e wawalo ana na poka maluna a ma na aoao o makou.   Ua ku
ae la kekahi mau poka maluna ae o kahi a makou e noho nei a
helelei mai la ka lepo a me ka iliili, a e pohapoha ana na poka
malalo a ma na aoao o makou, aole loa nae hookahi i hoopoino
mai i kekahi o makou.   Ua lohe pepeiao mau hoi au i ka oleloia
no ka hu a me ka lelemakawalu o na poka, akahi hoi a lohe ku-
maka ia mau mea a pau.

Ke hoomaopopo aku la no makou i na leo o na koa, a me ke
kamumu nakeke o na kapuai wawae a me na laalaau, me ka
hoomau mai no i ke ki o na pu a kupouli ae la ka ea me ka
pakui hohono o ka uwahi pauda a e kohakoha ana hoi na poka
i ka pali.   I keia manawa, ua hele ae la ko'u mau pepeiao a
paiakuli a ua piha uluku mai la o loko me ka pihoihoi, aka,
nana aku la no au i na maka o ua kane nei a'u, a ike aku la
no i ka maikai a me kona hoopuka pu mai no i na huaolelo
hoolana, me kona mau hiohiona koa a ua lilo ae la ia i mea
nana e hoopiha ia loko o ko'u umauma me ke ahi lalapa o ka
manao wiwo ole, a paa mai la no au i ke keiki a maua i kuu
alo, a hoopuka iho la i na huaolelo kaukau o ke aloha i ke
keiki, oiai, ua nalo aku la na manao makau, aka, hoomaopopo
iho la o ko makou hopena keia, a he wahi manawa pokole wale
iho no koe a e pau aku ana makou i ka make.   Iloko o keia
manawa, ua ike aku la au i ke kiei ana aku o kuu kane imua a

45

kuhikuhi aku la i kona manamana lima, a nana aku la au, aia
hoi, ike moakaka aku la au i kekahi haole e ku mai ana ma-
mua pono o ko maua wahi e noho nei, a i hoomaopopo loa ia
aku hoi ma kona palemai huluhulu ulaula e aahu ana, a ia'u
e nana nei, ua kani koke aku la ka Koolau pu, a ike aku la au
i ka haule ana o ua haole nei me ka lohe pono ia aku o kona
olokaa ana ilalo me ke kani wi o ka leo. Lohe pu ia aku la
ia manawa na leo hauwalaau pioo o na koa a hoomaka aku la
maua e lohe i ke pohapoha o ko lakou mau kapuai a me ka
owe paapaaina o na laalaau, a hoomaopopo koke iho la maua
ua pau aku la ua poe nei i ka naholo, a oia no ka manawa a
kuu kane i pane mai ai i na huaolelo o ka oiaio: "Kahaha!
I hele mai nei hoi no kuu make, eia ka he a'o no i ke koa a'o
no i ka holo! Poonui io paha auanei o Koolau."

A hala ae la he manawa pokole, lohe hou ia aku la na leo
walaau pioo o ua poe nei ma kahi mamao ilalo loa, a hoomaka
hou mai la ka lakou mau pu e ki papa me ka paapaaina me ka
hu hoomaha ole o na poka ma o a maanei o makou, a hala
wale ae la no kahi maluna a pahupu hoi kahi malalo o makou,
koe wale iho la no ko makou wahi honua iki e noho nei. I
keia manawa ka hoomaka ana mai e kipapa ia na pu me ka
hoomaha ole a hiki i ke ahiahi o ia la, akahi no a hookaulua iki
iho, a oia no ka manawa a kuu kane i nihi kolo malie aku ai a
hiki i kahi o ke koa haole i ku ai i ka pu a kakaa ilalo, a ma-
laila, loaa aku la ka pu a ua koa nei, ua hoihoi ia mai a ua nana
pu maua, a o ka mea i hana ia me ua pu nei, ua kiloi ia ilalo
lilo loa o ke awawa kipapali, kahi hoi e loaa hou ole ai i ka
lima o ka haeola kailiku.

I ka po o ia la, ua hoomau ia mai no ke ki ia o na pu, aole
nae hoi e like me ko ia la, aka, i ka lua o ka la, ua hoomaka
hou mai la ka holopapa poaipuni o ka makawalu o na pu mai
kekahi aoao a kekahi aoao, a ua pohina a pakui uwahi pauda
na wahi a pau. I keia kakahiaka ua kane nei i kauoha mai
ai e wehe makou i na wahi aahu kahiko o makou, a e komo
i mau wahi aahu hou, i make iho no makou ua paa mua no i
na wahi aahu kupono. Aia no hoi i keia manawa i hoopuka
mai ai ua kane nei i kona manao penei:

46

"I noho kakou iloko o keia pilikia a ike au aohe o kakou wahi pono i koe, alaila, na'u no olua e ki mua a make a owau no hoi ka'u e ki iho, a i hookahi o kakou make pu ana, aole kakou e ike i ka hoomainoino ia e keia poe haole Piki," a ua aa aku no au e hooko ia kona manao mamua o ke kau io mai o ka hopena poino manaonao o ka lima haekoko o na koa. I keia manawa, ua hoomaka mai la ko makou ano kunahihi o ka hopohopo ole, ua iike ka paapaaina o na pu a me ka hu o na poka e paapaaina ana i kumupali me he la he mea ano ole, ua noho pu ka hopo ole iloko o maua me ke keiki a o ka eleu a me ka wiwo ole he kapa aahu ia no kuu kane.

E like no me ka neepapa ana mai o ua puali koa nei i ka la mua mai kekahi aoao a i kekahi, pela no lakou i hoohana mai ai i ka lakou hoouka kaua i ka lua o ka la, a e like no hoi me ka aloalo ia ana o ka lakou mau poka ia la pela no i aloalo hou ia ai ka lakou mau elele ahailono o ka make i keia la, e hooia mai ana me ka maopopo kanalua ole ia, o ka Haku pu no me makou, ko makou palekana a puukalahala i ola ai mai na poka pakaua e hu pinapinai ana ma o a maanei. Ke lohe aku nei no makou i ka nee kokoke mai o ke kani o na pu a me na leo o na koa, me ka haka pono o ko maua mau maka mawaena o na lau a me na laalaau ma kahi o na leo e pa-e mai ana. Ia maua e nana nei, aia hoi, ua huki aku la kuu kane ia'u a pili ma kona aoao, a kuhikuhi mai la, a ike aku la ko'u mau maka i kekahi o na koa e ku ana ma ka aoao o kekahi kumu lehua, wehe ae la i kona papalekapu a kau ae la iluna o ka lalalaau a hoomaka mai la e kiei maloko mai o na lau laau. Kau ae la ua kane nei a'u i kana pu a pololei, pane mai la: "E nana pono oe!" A o ka manawa koke iho la no ia i kani uina aku ai ka pu a holo nakolokolo ae la ka wawalo maloko o na kuono kualapa, a ike aku la au i ka puiki ana ae o na lima o ua koa nei maluna o kona poo, oniu ae la kona kino a haule aku la mailuna aku o ke olae a walawala aku la me ka owe o na laalaau. He mau leo hooho piha pihoihoi ka'u i lohe aku, a lohe hou aku la no maua i ke koekoele o na kapuai wawae o na koa me ka maopopo loa ua pau hou aku la no na koa Piki i ka puhee a e holo paukiki ana me ka mama, a o ka lua ia o

47

ko lakou hooko ana i kela mau olelo a kuu kane, "I ke a'o i ke koa a'o no i ka holo."

Mahope iho o keia, ua lohe hou ia aku la na leo hauwalaau o ua poe koa nei ma kahi mamao loa mai a makou aku, a hoomaka hou mai la lakou e kipapa me ka pinapinai elike no me ka la mua. Ua hoomau ia ko lakou ki ana me ka neepapa mai kekahi aoao a i kekahi aoao, mailuna a ilalo o na pali, aka nae, o ka mea kupaianaha a kamahao luaole, oia no ka hookoe ia o ko makou wahi kahua hoolulu ponahaiki. E pohapoha ana na poka maluna, malalo a ma na aoao pilikoke ia makou, e helelei ana na papaa lepo a me na iliili ma na wahi a pau, ua kuha'o iho la no nae ko makou wahi papu hoomoana i nele me na uhipalekaua, hookahi no palekana o ke aloha o ke Akua, ka mana Nana i hoalo ae i ka lele makawalu ana mai a na poka elele a ka make mai a makou aku.

Ua hoopaa mau ia iho la ka manawa o na koa Piki mai ia hora mai ma ke ki pu mai ia makou, aole loa i hoomaha ia a hiki i ka piha ana o ke kauna hookahi o ka huina o na la, oia no ka manawa i hoomaka mai ai ka hae maoli ae o loko i ka pololi a me ka maloohaha o ka puu i ka make a ka wai. Ua pau iho la na lau nahele kokoke mai i ka nau ia a ua moni ia ko lakou wai, aka, ua hoea mai ka manawa e hiki ole ai ia mau mea ke hoonana i ka pololi a ke hookena hoi i ka make-wai. Me ke kulu o na waimaka maua i lohe mua loa aku ai i ka leo o ke keiki i ka uwe mai i ka hakahaka o kona houpo a me ka maloohaha o kona puu, a nawai hoi e ole, a ike ka hoi maua ia mau haawina o ka pilikia, pehea hoi oia e ike ole ai ia mau haawina o ka pilikia nui, oiai he kino opio a aia no hoi iloko o ke onawaliwali. Hookanaho wale aku la no maua i ke keiki, a ua nui a piha hoomanawanui pauaho ole no kela, ua uumi oia ma na ano a pau a hiki i ka uhi ana mai o ka po maluna o ka malamalama o ua la nei, a na ka ehu kehau i hooma'u mai i ko makou mau lehelehe maloohaha.

E hoomanao ae kakou e na makamaka e hoomanawanui pu nei iloko o keia mau haawina o ka inea, ua napoo aku la ka malamalama o ka heluna eha o na la, a eia keia ke hele nei ia po iho, aohe i komo ai a aole hoi i komo wahi wai ia mai ka

48

elua mai o ka la, koe wale no kahi hookanaho i ka lau nahele.
Aia i keia aluna ahiahi, ua ike aku la au i ka noho mumule
mai o ua kane nei a na ka waimaka no e hele, ua hoomaopopo
aku la no au i ka pilihua o kona noonoo no ke keiki, a liuliu
iki, pane mai la:

"Auhea oe e ka wahine, ke ike nei au aohe wahi pono i koe
ke hoomau kakou i ka noho ma keia wahi. O ka'u e manao
nei, e haalele kakou ia anei, a e imi aku kaua i wahi hou aku
no kakou e hoolulu ai. Ua ike na koa eia kakou maanei, ua
maopopo ia lakou la, a ke hoomakaukau ala lakou ma na ano
a pau no ka hopena. Nolaila, e haalele kakou i keia wahi, e
iho kakou a kaa ma kela aoao a pii hou iuka, a ilaila e loaa ai
ka ai a me ka wai ia kakou. Ma ia huli kakou e palekana ai,
no ka mea, e mau ana no ka manao o na enemi eia no kakou
ianei, a ianei no lakou e noke mai ai i ke ki i ka lakou mau pu."

He manao maikai keia o ke kane, a ua hoeu koke ae la no
kela no ko makou iho a haalele iho ia wahi puuhonua a ma-
kou i noho hoomanawanui ai me ke aloha. Oia no mamua, o
ke keiki aku a owau aku no hoi mahope loa o ka iho ana. Me
ke akahele a me ka nihi malie loa ko makou hapapa hele ana
mawaena o na lau nahele, ike iho la no hoi au i ka hoomana-
wanui o ke keiki, no ka mea, ua nui kona mau palapu, ua
pukapuka ae la o lalo o na kapuai wawae a o na manamana
lima ua pepelu, aole loa nae i lohe ia kona leo uwe a kaniuhu,
a mahope o ka leo o kona makua malaila mau oia i hoolohe
a i hooko ai.

Ua iho malia aku nei makou iloko o ka pouli a aneane paha
i ka hapalua o ke aia, lohe aku la no makou i ka walaau mai
o ua poe koa nei, a hoomaka aku la makou e nihi hele ma
kaepali o ke kahawai. Pela makou i kokolo hele nihi malie ai
a hoea i kahi a ua poe nei e walaau ana, me ke kokoke loa,
ua kaalo iho la no nae makou me ko lakou nonoho mai no
a ike ole mai, a hala loa aku la makou ilalo, iho aku la ma
kahawai, a ilaila, hoomaalili mua iho la i ka hae o ka puu i ka
wai. Hoomau aku la ka hele kaikai malie o na wawae maloko
aku o kahawai a kau ma kela kapa o ka aina, me ka hooma-
nawanui keia au ana aku i ke kahawai, he nui ka ino i na po-

49

haku a me ka ikaika o ka wai a me ka pakikakika, aka, ua nui ia ke aho.

I ko makou hiki ana a pae pono ma kekahi aoao o kaha-wai, ua hele aku la makou a hoea i kekahi wahi malua, noho iho la a hoomaha malaila, o Koheo ka inoa o ia wahi. Ilaila iho la makou i hoopunana ai a hiki i ka malamalama ana o kekahi la ae. Ia manawa, hoomaka hou aku nei makou e hele malie maloko o ka nahele, a i ko makou kokoke ana i kauhale o Kelau ma, o Kaluamoi ka inoa o ia wahi, hoonoho iho la ua kane nei ia maua e noho malaila, a e hele ia e imi i ai na makou i kauhale o na makamaka kamaaina. Hele aku la kela me ke akahele loa me ka pee no nae iloko o na laalaau, a i kona kokoke ana aku mamua o ka hale, ike pono aku la ia i kekahi puulu o na haole koa Piki e puhipaka nui ana a e pepa le'ale'a nui ana me ke kani o na heneaka; a ike pu aku la no hoi oia i kekahi mau makamaka Hawaii ua hoonoho ia iloko o kekahi hale okoa aku. Aia i kela manawa, ua ike iho la kela i keia kumu kuia, ua hiki ole ke aa aku iaia hookahi imua o kela poe lehulehu, nolaila, ua huli hoi hou mai la kela me ka nele i kahi mana ai a loaa maua e kali aku ana me na houpo lewa-lew, a hoomaka mai la e hoike i kana mau mea a pau i ike aku la ma kana huakai imi ola me kona ike ole ia mai iloko o keia manawa a pau.

Noho malie iho la makou malaila, e nalu wale ana no i kahi e loaa ai ka pono, a i ka wehe'na kaiao o kekahi la ae, hoeu mai la no ua kane nei no ka liuliu no ka nee hou aku i wahi e pono ai, a o kana kauoha kai hooko ia. Ua hoomaka hou aku la makou e pii kunihi a iho a pii hou ma kekahi aoao o ke awawa, a mailaila aku ko makou pii hoomanawanui ana iloko o ke ino a me ka nihinihi kipapali a me na launahele hihipea a hoea makou iluna o kekahi wahi kuono honua, ua kapaia ka inoa o ia wahi o Limamuku, a kaupono ae la makou maluna o ka wai e lele iho ai mai ka pali aku, a ilaila makou hoomoana. I keia wahi makou i hoopalekana mua ai i na lua o ka inaina, no ka mea, ua kono mai la na ahui maia i hele a pala memele maikai ia makou e kii aku, a ua hoolawa ia iho la na lua o ka inaina pololi no ia manawa, a o ka huihui maikai hoi o na

50

mapunawai kuahiwi ua lilo ia mau mea a pau i kumu e hooluolu ai ia loko a me ke kino, a e hoomaikai aku ai no hoi i ke aloha a me na lokomaikai palena ole o ke Akua Mana Loa i kana mau kauwa auwana iloko o na haawina o ka make ma ia mau awawa a me na kualapa waonahele hoakanaka ole.

O keia wahi a makou e noho nei, he maikai a he oluolu loa, a he malumalu kupono hoi mai ka wela a ka la a me ke anu a ka ua. Aia ma ia la, oiai makou e hoomaha ana a e hooluolu ana i ka luhi a me ka mauluulu o ke kino, ua hoopuiwa ia ae la ko makou ncho nanea i ke kani ana mai o ka leo halulu o ka pukuniahi a wawalo ae la na kualono me na awawa, punohu ae la ka uwahi mailuna mai o kahi i kapaia o Punee, a ku aku la ka poka pahu iluna o Waimakemake, kahi hoi a makou i noho mua ai. Ma keia wahi e na makamaka, he mea e ka lokomaikai o ke Akua i ke alakai ana i ka noonoo o kuu kane aloha e haalele makou i kela wahi i ka po mamua iho, a me Kona lawe ana ia makou a hoea i ka luna o Limamuku, kahi o ka palekana a makou e noho malie aku ai a nana aku i na hana a na enemi iloko o ko lakou mau manao kupouli o ka pakaha olauhane. Ua hoomau mai la ua poe koa Piki nei i ke ki pokapahu ana mailuna mai o Punee, a lele liilii ae la na pohaku a me na papaa lepo o kahi home a makou i noho mua ai iluna o Waimakemake, a hu wale ae la no ke aloha no ia wahi i hoopunana ia ai me ke aloha, no kona hanaino wale ia aku no, oiai, ua lele e mai la na manu ua ulu na eheu. "Ua hala e ka Puulena aia i Hilo, ua imi aku la ia Papalauohi," wahi a kahiko.

I keia manawa, ua hoomaka iho la ko makou noho oluolu me ka mau no nae o ka makaala. Ua hiki ia'u i keia manawa ke hele aku me ke akahele loa a ma na wahi malumalu o kahawai, lawaia wahi opae a me ka oopu, a loaa no hoi na wahi ka-i kalo a me ke akahele loa e hoomo'a ai, oiai, ua lawa loa makou me ke ahi kukaepele mamuli o ka malama makee loa, a pela pu no hoi e malama loa ai i ka ho'a ana o ke ahi o ike ia mai ka uwahi. He hookahi paha pule mahope mai o keia manawa, ua meha pu wale iho la no na mea a pau, aole kiki hou ia mai o na pu, a hooholo iho la ko maua manao, ua huli hoi

51

aku na koa Piki me ka manao ua pau makou i ka make, oiai, aohe lohe hou ia o ka Koolau pu, a ua poaipuni ia hoi na awawa a pau o Kalalau e ka lakou mau poka kipololei a me na pokakipahu, pehea la e pakele ai, o ko lakou wahi nae hoi ia i hoauhee wale ia ai a noho lanakila ai ke ahikanana Kaluaikoolau Kuhookahi imua o na kini heluna koa Piki.

Iloko no nae o keia noho mehameha a hoohana ole ia mai o makou no ka manawa loihi mahope mai, aole loa no kuu kane i ae e hoike aku ia makou iho, aka, ua hunakele loa no kela ia makou, oiai, aia makou iloko o na mawae o ka pohihihi me ka maopopo ole aku o na mea e hoolala ia mai ana no makou. Ua noho iho la makou ma keia wahi me ka maalahi a piha paha ka mahina, me ka loaa ole o kekahi kuia a ano hoohalua ia mai, oiai, ua paa mau ka manawa i ka hoomakakiu ia o na wahi a pau e kuu kane, nolaila, ua hooholo iho la kela e iho makou ilalo i kahi o ka ai e ulu ana, a ua iho aku la no makou a hoea ilalo ma kapa o ke kahawai, a o Oheoheiki ka inoa o ia wahi. He wahi keia i mahi ia i ka ai e na makamaka kamaaina o ua mau pali hulilua nei, ua hele ka ai a hoea i kumupali a iwaena o ka nahele, a ilaila i loaa mau ai ia makou ka palekana, ua lawa iho la me ka ai, ka luau, a haule aku la no hoi i kahawai lawa no na wahi kauna oopu, ka opae no hoi me ka hoio, ka wi, a hui pu mai la me na hua ai o koauka, a ua pau ae la na pilikia no ka hoolawa ana i ka pololi a me ka makewai. Ua loaa iho la ia makou keia wahi maikai e maluhia ai ka noho ana a e lawa ai hoi me na mea e hoolako ai no ke olakino, nolaila, ua hoolilo makou ia wahi i home no makou. Aia i ke ao, haalele makou ia wahi a hele aku la iloko o ka ululaau e nohopee ai, a i ka po, hoi aku la i ko makou wahi e hooluolu ai no ka manawa hiamoe. Iloko o keia manawa a pau, ua noho ia e makou ma ia ano a ua aneane piha elua makahiki ia manawa, a ia manawa no hoi, ke ike mau aku nei no makou i na makamaka, me ko lakou ike ole mai nae ia makou, a me ke ano haupu ole ae eia no makou ke noho aku nei, a ua hoike ia mai ia'u mahope loa mai, he elua ka o lakou manao—o ka mua, ua pau makou i ka make, na Koolau no makou i ki pu, a i ole, ua make makou i na poka a na koa

52

Pi Ki ; a o kekahi manao o lakou, ua hoi loa mai no makou
i Kekaha a ilaila kahi i huna ia ai a i pee ai. Aole no paha e
nele na manao kohokoho o na makamaka, oiai, ua nalowale loa
iho la makou iloko o ia manawa loihi, a ua ano palaka ia.

E hoomanao e na makamaka e naue pu nei ma na alahele
o ka hoomanawanui, aia iloko o keia manawa holookoa, ke ike
aku la no makou i na makamaka, ua hele mai no kekahi poe a
kokoke, aka, aole loa makou i hoike aku a aole loa no hoi lakou
i ike mai ia makou, nolaila, aole loa makou i paleo kamailio
aku me kekahi mea okoa iloko o ia mau mahina lehulehu, a o
ka aneane ia e piha na makahiki elua o ko makou noho kokoo-
kolu ana i koauka, me ka lohe ole mai i ke ano o ka noho ana
o na kini a me na makamaka lehulehu, o ka hoomanao mau
wale ae no me ke kulu iho o na waimaka ke noonoo iho i ke
ano o ko makou noho ana, e ike a halawai pu hou aku ana
paha me lakou, aole paha, he mau mea huna maopopo ole ia,
a hookahi no mea i ike, o ke Akua ma na Lani kiekie.

Ia makou e noho nanea nei me ka mehameha, aia hoi, i ke-
kahi la maikai, ua hele aku la au e uhuki i mau wahi ka-i ai
na makou i kaupapaloi, a o ko'u wahi aahu e komo ana ia
manawa, he holoku weluwelu no no'u, ua humu lolewawae ia
no e a'u, a o ke kuka no hoi me ka papalekapu o ua kane nei.
Ia'u e uhuki ai nei, ua lohe mahui aku la au i kekahi mea hoo-
hikilele, me he leo kunu kanaka la, a hoomaka koke iho la
au e pupue ilalo iloko o na lau kalo, me ke au o ko'u mau
maka ma o a maanei o na kipapa pali, a hoolono malie aku la
ko'u mau pepeiao, a lohe hou aku la au i ka leo walaau maluna
ae o makou, a i ko'u alawa ana'e, ike aku la au ia Wile Kini,
kela hapa-haole kaulana i ke puhiko, e ku mai ana ma ke alanui
e pii ai, maluna aku o makou, me ke o ana mai, a ike pu aku la
au i ka oili ana ae o Kelau a me Keoki a kuku nui mai la i kahi
hookahi, ia manawa koke no au i holo aku ai a hiki i kahi a
kuu kane e noho ana, a ike mai la kela i kuu pihoihoi, ninau
koke mai la :

"Heaha keia e nui nei ka hanu?"

"Heaha mai hoi kau he mau kanaka, o Wile Kini ma, aia
maluna ae nei."

53

"Ua ike mai nei nae paha ia oe?"

"Ae; ua *o* mai nei a ike mai nei ia'u."

"E pee kakou;" a hoaa wale iho la no makou ia manawa, a holo aku la makou a he ulupohole, kokolo aku la maua me ke keiki a moe malie iho la, a ku aku la no o Koolau mawaho me ka paa no nae i ka pu. Aia i keia manawa a kela mau maka-maka i ike mua mai ai ia'u iloko o ka loi, ua kuhihewa mai la kekahi o lakou he Kepani aihue kalo, no ka mea, ua lohe mua iho lakou no ka nalowale a mahuka ana o kekahi Kepani aihue, a ua manao iho la o wau ua Kepani nei i kuu komo i ke kapa kane me ka papale-kapu; aka, ua ike pono mai la no nae kekahi i ko'u mau helehelena, a ua pane aku la:

"Aole kela he Kepani, manao au eia ianei o Koolau ma."

Aia nae i ka hele ana mai o Keoki a ike pono mai la ia Koolau, ua hoopau ia ae la ko lakou kuhihewa, a ua hele mai la no lakou. Ua hele mai la o Keoki a lululima pu iho la me makou, a o Kelau mai a lululima pu no me ia, a o Kini mai, a ua lululima pu mai la no oia me a'u, a i kona huli ana ae ia Koolau e lululima, ua pane malie aku la no ua kane nei a'u i ka ninau ana aku:

"Auhea oe e ua makamaka nei, e hoopoino mai auanei paha oe ia'u?"

"Aole; mai hopohopo oe no ia mea, aole ia iloko o'u, aka, o ke aloha hoakanaka ka mea iloko o ko'u puuwai."

Haawi koke aku la o Koolau i kona lima akau o ke aloha a lululima pu iho la laua me na manao launa oluolu. Ua hoo-hala iho la ua mau makamaka nei i kekahi manawa liuliu wale me na ninau aku a ninau mai, a ua hoike aku no hoi maua i ka moolelo o ko makou noho auwana ana iloko o na inea a me na popilikia, a ua hoike mai no hoi lakou i na mea a pau a makou i lohe ole ai a i ike ole ai no ka manawa loihi e pili ana i na ohana a me na kinimakamaka. E hoomanao iho e na makamaka ha'ihaiolelo, o ka ekahi iho la keia o ko makou hui pu a paleo pu ana me kekahi poe okoa aku mai ko makou manawa mai i hoomaka ia ai e ki pu a e uhaiaholo ia e na koa Pi Ki a hiki mai ia la, a he mea e ka hauoli i ka hoi hou ana mai o na hoomaopopo aokanaka a me ka lohe ana mai hoi

54

i na nuhou, a ua ano like iho la makou me he poe la i make a
ola hou mai.   I ka pau ana o na kukaiolelo mawaena o makou,
a liuliu lakou la e haalele iho ia makou, ua lululima pu hou iho
la me ke aloha, a oia no ka manawa a ka makamaka Wile Kini
i pane mai ai i kuu kane:

"E, auhea oe; i noho oe a i kou manawa e ike ai i ka pipi,
a maopopo ia oe na'u ia pipi, e kii oe i i'a na oukou, ke haawi
nei au nau a e hana aku."

Ua haawi aku la o Koolau i kona mahalo piha no keia
haawina o ke aloha a me ka lokomaikai, me kona hooia pu
aku no nae hoi ua lawa no makou me kahi oopu a me ka opae
o kuahiwi, aka, hoopaa mai la no nae ua makamaka nei i kana
haawi lokomaikai e kii no i pipi na makou, a mahope o na pa
leo aloha hou ana, ua huli hoi aku la lakou ma ko lakou ala-
hele a noho kokookolu hou iho la makou me na manao maikai
no keia launa oluolu ana me kela mau makamaka.   He mea
pono no paha ia'u e hoike ae ma keia wahi no kuu kane, a oia
keia: Me keia haawi aloha manawalea ana mai o Kini i ka
pipi, me kona ike mau aku no i ka hele mai o na pipi a Kini,
me ko makou nele a me ka ono ae no hoi i na wahi ina'i io pipi,
aole loa nae kuu kane i kii wale aku a lawe mai ia lokomaikai
i panai ia mai, aka, ua kauleo mai no kela e nui ke aho a e
hoomanawanui i ka mea i loaa ma ke alo.

I kekahi la ae, ua hoopuiwa hou ia ae la no ko makou hauli
i ka ike ana aku i kekahi mau mea elua e pii ae ana ma ke
alanui, aole no nae i liuliu ua hoopau ia ae la ia mau kumu
pioo, ua ike koke aku la no makou ia Kelau me kana wahine,
o Keapoulu, ua hele mai la no laua a halawai pu, a ua ike a
uwe pu no hoi me ia makamaka.   Ua lawe mai laua he mau
wahi welu aahu no makou, kukaepele a he eke i'a, he moi ma-
loo me kekahi mau wahi hemahema e ae, a i ko laua huli hoi
ana, o ka pau ana ia o ko makou hui a kamailio pu ana me
kekahi kino kanaka a make aku ke keiki a maua me ua kane
nei mahope aku, a hiki wale no i ko'u hoea hou ana i kauhale o
ke onehanau i Kekaha, Kauai, he ekolu makahiki me na ma-
hina oi elima o ka noho auwana ana iloko o na awawa wao-
akua a me na kakaipali nihinihi o ka mehameha anoano a me

55

ka eehia, i alo hoomanawanui ia ai hoi me ke kapae ae i ke aloha makua me ka ohana mahope, kiloi nalo loa ka maka'u a me ke kaniuhu, a molia i ke ola no ke keiki a me ke kane aloha, e pili ana a e ukali ana ia laua i na kekona a pau o ko'u ola ana, ma na wahi hoi a pau i hele ia, i noho ia a i moe ia o wau pu kekahi e kiai ana me ka makaala me ka puuwai haokila e hana no laua, e malama ia laua, e hanai ia laua a e make no laua.

Mahope koke iho no o keia manawa, ua hoomaka aku la ko makou hele auwana ana me ka nohopaa ole ma kekahi wahi hookahi, he elua a ekolu la ma kekahi wahi, haalele iho la a nee aku he wahi okoa. Pela makou i loaa ole ai i na maka-maka i hele huli ae ia makou, oiai, ua hoike ia mai ia'u ma-hope o ko'u huli hoi ana mai i Kekaha, aia i ka la mahope iho o ko Kelau ma hoi ana i kai a hoike aku la i ko makou hui pu ana a me ko makou wahi e noho ana, ua pii mai la na maka-maka a lehulehu wale e ike ia makou me na lako, a me ka ai me ka i'a, eia nae, i ko lakou hiki ana ma ua wahi nei, he neo-neo wale no, ua ahaikapupuhi mua aku la ka eueu Koolau ia makou a noho iloko o ka naele kupouli o ke kuahiwi. He aloha nui no a he makemake no ko Koolau a me a'u e hui a e ike me na makamaka, aka, mamuli o kekahi mau kumu ana i hoomao-popo mua ai, nolaila, ua komo iloko ona na manao hoohuoi a haohao, a ua hooholopaa loa oia i kona manao e hunakele loa ia makou a hiki i ka hopena, a ua hooko pono oia ia manao ona a hiki wale no i ka moe ana o kona kino puanuanu iloko o ka opu anaole o ka honua. Ua hoao ia e imi i ka meheu o ka makou mau wahi e hele ai, a e uhai ia hoi a hiki i ko makou wahi e loaa ai, mamuli o ke aloha o na pilikana ohana a me na makamaka, aka, aole loa makou i loaa a i ikelihi ia, no ka mea, ua uhipaa ia makou e na eheu o ke koloka peepoli huna-keleloa a ka eueu o na pali Kalalau, ke ahikanana hoi nana i ku hookahi a auhee na pualikoa Pi Ki iloko o ko lakou poino a me ka hoka, a nohoaiii iho la ia maluna o ke kiekiena *o* ahi-kaolele kaulana o Kamaile.

Auhea kakou e na hoa o ke aluka pu ana ma na meheu o keia moolelo, ke hoomaopopo iho la no kakou eia makou ke

56

hele nei iloko o ka naele kupouli o ke kuahiwi, ua pale poipuia
a nalo loa makou mai na lihi aokanaka mai, a ke hele aku la e
ano ahiu na maka ke ike lihi aku a ke lohe mahui aku i na
hoailona o kanaka. Iloko no nae o keia noho'na kokookolu
o makou, ua maikai wale no ko makou olakino, a ua lawa ma-
kou me na haawina e piha ai ka lua o ka inaina a e kena ai ka
makewai. Ua noho makou no kekahi manawa li'u wale me ka
maalahi, a mahope mai, ua hoomaka mai la ke ano e o ka lei
a maua, ua mahuahua loa mai la ka uhola ana o ka ma'i ma-
luna o kona kino, a ua nawaliwali pu mai la me kona mau lala.
Pela i emi mau aku ai kona ikaika, a hoomaka mai la oia e uwe
mau i ka eha ma kona opu. Ua hoao no maua i na ano laau o
na launahele e loaa ana, e oluolu mai ana no i kahi manawa,
a i kekahi manawa, e hoi hou mai ana me ka ikaika. O keia
iho la ka haawina mua loa i hekau iho ai o ka pilihua ma-
luna o ko maua mau hokua ma na mea e pili ana ia makou iho,
a ua lilo ia i mea hoolauwili i ka noonoo. Ua hoao me ka
ikaika ma na ano a pau e hooluolu a e hoopalekana ae i neia
pilikia o ke keiki, aka, ua hoomaopopo aku la maua, aia kona
hopena ke hookokoke mai la, a ke neenee malie mai la na lima
palanehe o ka hopena o ko ke kanaka noho'na kino ma keia
aomauleule.

Aia i ka manawa a ke keiki e waiho ana iloko o keia nawali-
wali nui o kona kino, aole loa oia i hooluhi a i kaniuhu wale
mai, aka, ua mau no ka mohala maikai o kona noonoo a me
kana mau kamailio ana, a ua nui no hoi kana mau olelo
hoalohaloha e hiki ole ai i ka puuwai o ka makua ke poina.
Ua malama mau no hoi makou i ka manawa e kukai olelo pu
ai me ka Haku ma ka pule, a ua haawi aku maua, kona mau
makua, iaia iloko o ka poholima o kona mea nana oia i hana
mai. Pela mau oia i emi malie aku ai, a i kekahi la, ua ani
peahi mai la kona mau lima ia'u a ua nee aku la au a pili ma
kona aoao, poai ae la kela i kona mau lima ma kuu a-i a hoo-
pili aku la i ko'u mau papalina me kona, a ike iho la au i ka
mau o kona mau lihilihi me na waimaka, a me ka hawana-
wana ana ae:

"Auhea o Papa? E hiamoe ana au."

57

Na keia mau mamala olelo hawanawana i hoolele ae i ko'u
hauli a auwe leo nui ae la au, a lohe koke aku la ka makua-
kane a holo mai la a kulou iho la a honi i ke keiki, a hoomao-
popo iho la maua ia manawa aia ka oia iloko o na kekona
hope loa o ka paupauaho mai ia maua. Ua hoao iho la maua
e kamailio iaia, e kahea iho i ke keiki, ua pau ae la nae ka lohe
a kona mau pepeiao, pili malie iho la kona mau maka, lele
aku la kona aho hope loa a hiamoe iho la oia iloko o ka Haku,
kona Hoola ma o. A oiai au e hoike a e hoomanao nei i keia
mau mea a pau, ua hoihoi hou ia mai la na hiona a pau a'u i
ike aku ai ia manawa a ke kaupono nei imua o ko'u mau maka,
a me he la ke ike aku nei no au i na helehelena mino aka o
kuu keiki i ka waiho mai malalo o ia hale lau laau kipapa
pali, me he la aia iloko o kekahi hiamoe moeuhane no kona
komopu ana mawaena o na puali Anela o ka Lani a e hooho
pu ana i na leo hosana hauoli no ka loaa ana o ka momi ola
mau loa iaia ma kela aupuni hemolele i hana ole ia e na lima,
aka, no ka manawa mau loa iloko o ka lani, a o ka'u ia e hoo-
manao ae nei i ke

"Aloha oe e kuu pualei pupuu o ke kapa kehau,
Aloha oe e kuu pualei alo pakaua kapi ili,
Aloha oe e kuu pualei kanaho o ka la kikiki,
Aloha oe e kuu pualei ahonui o ka houpo pilihua.

"Aloha oe e kuu pualei pale maka poniuniu,
Aloha oe e kuu pualei leo meha kaniuhu ole,
Aloha oe e kuu pualei mukiki wai o ka lau-i,
Aloha oe e kuu pualei o ka hale kuahiwi kaupoku ole.

"Aloha oe e kuu pualei puuwai molia no ka makua,
Aloha oe e kuu pualei hoa alo make a na pu Pi Ki,
Aloha oe e kuu pualei moelolii i na kau a kau,
Aloha oe e kuu pualei ke kiu kiai o na pali Kalalau."

E ka makamaka heluhelu, pehea la au e hoike ae ai i ka nui
kaumaha a me ka luuluu o na haawe i kau iho maluna o maua
na makua iloko o keia waonahele o ke kuahiwi. Ua oi aku

58

na kaumaha i kau iho maluna o ko oukou makamaka nei, no
ka mea, ua nui ka noho'na pilihua iloko o na la e waiho ana
ke keiki i ka ma'i a hiki i kona manawa i haalele mai la ia
maua, a ke nana aku la i ke kane, ua hoomaka mai la no ke
ano e o kona olakino a me kona mau nanaina, a ke hui pu ae
me ke ano o ka noho'na kuewa o ke kuahiwi e uhaiaholo mau
ia ana e na manao pihoihoi, ua lilo keia mau mea a pau i mau
kumu hoopilihua i ka noonoo. Aka, iloko no nae o keia mau
haawina a pau, ua kapae loa au i na manao kuihe, a ua kaei
mau i ke apo o ka manaolana me na haupu mau no ka hoea
mai o ka la a me ka hora e palekana ai.

Ma ka aoao o kekahi o na kipapali kiekie o ua awawa kau-
lana nei, ma kahi e ku ana he kumu lehua, a i hoopuni ia hoi e
na lau palapalai me ka awapuhi, a i hihipea ia hoi e na lau
hihi o ka waokele, malaila maua i eli ai i lua pao iloko o ke
kuahiwi, ma kahi kiekie kupono e hulipono ana ia kai o ka
moana kaiuli kailipolipo me ka waiho kahela mai o ka aekai
a me na kauhale i ka aeone. Ua eli maua i keia lua pao ma
ka aoao makai mai o ke kuahiwi, aole he lua eli maoli ilalo o
ka honua, aka, he lua eli ia iloko o ka aoao o ke kuahiwi, a i
ka nui a poopoo lawa kupono ana he mau kapuai, ua uhi iho
la maua ia lalo a me na aoao me na lauliko o ka nahele. Ua
hapai malie maua i ke kino aloha o ke keiki a waiho maluhia
iaia me ka maikai, a ua haawi ae la ina leo haipule i ka Mea
Nana i haawi mai a Nana no i lawe aku, a hoomaikai aku i
Kona inoa, a uhi iho la i na lau kuahiwi ana i lei mau ai, hoo-
piha aku la me na pohaku a me ka lepo a hiki i ka paa a nalo
ana, a haalele aku la iaia e hiamoe; ua hoi aku la ka lehu i ka
lehu, ka lepo i ka lepo a hoea mai i ka la o ka hookolokolo
nui ana o ko ke ao nei a pau. Aloha wale kona nalo ana aku a
aloha wale hoi ko maua noho koolua ana iho mahope nei me
ka u a me ke kaumaha nona.

E na makuahine i loaa na haawina o keia ano mamua aku
nei, a malia paha e loaa aku ana ma keia hope aku, o wau pu,
o keia makamaka pu kekahi me oukou iloko o na kipona o
ke apo aloha a me ka pilihua, i hookahi ka haawe pu ana, oiai,
eia au la ua ike i ka eha a na maawe hauna a ia mau kui hou-

59

hou o ka walania kupouli, a aole no paha e nele ana ko oukou
ike iho a hoomaopopo iho i ke kaumaha io o keia mau haawe a
ko oukou makamaka kino wahine o ka mea i oleloia—he aoao
palupalu—e auamo hele ana, a i oi loa aku hoi, o ke au ae a
na maka aole na kini a me na makamaka, aole hoi na leo a me
na mapuna huaolelo hookanaho e hoomalielie ae ai la hoi i
kekahi mau kipona pehi a ka ehaeha.

A nalo aku la ke keiki, ua noho kokoolua iho la maua me ke
kiai aku i kona wahi i moe ai iloko o kona hiamoe, a mahope
mai, ua hoomaka hou iho la e nee no kekahi wahi okoa aku, a
pela mau iho la ko maua noho ana mai kahi wahi a kahi wahi
aku, me ka nohopaa ole a loihi i kekahi wahi hookahi. Iloko
o keia manawa a pau, ua noho oluolu wale ia no e maua me
ka lawa i na wahi mea e pono ai o ke olakino e like me na
mea e loaa ana iloko o ka noho ana o ka waonahele, a iloko no
hoi o keia manawa holookoa, aole loa i hui pu hou a kamailio
pu me kekahi mea kino uhane. Ua ike aku no maua i kekahi
poe i kekahi manawa, aole loa nae lakou i ike mai ia maua,
a me he la, ua poina loa ia ka noonoo hou ana'e mamuli o ka
manaoio ia ua pau mua a kalakahiko makou i make ai.

Ua hoomau ia keia ano kaahele ana o maua ma o a maanei,
a aneane e hala ka makahiki mahope iho o ka haalele ana
mai o ke keiki ia maua, aia hoi, ua hoomaka mai la ke ano loaa
o ua kane nei au i ke ano ma'i like loa me ko ke keiki, ka eha i
ka opu. A no ke ano mahuahua loa mai, ua hoi iho la maua a
hiki i kahi i kapaia ka inoa o Lanikuua, a ilaila kahi i hoo-
luana ai. I ka noho ana ma ia hope mai ua hoomaopopo like
iho la no maua i ke ano like loa o keia ma'i eha o ka opu e like
me ko ke keiki, a ua imi aku la no hoi i na ano laau like ole no
ka hoao aku e lapaau, aka, he nalo wale aku no no ka manawa,
a hoea hou mai la no me ka oi aku o ikaika a me ka maumaua.
Ua pili mau keia ma'i me ka pii mau o ka ikaika a piha na
mahina ehiku a oi, a ua hoomaka mai la ka oi aku o kona
nawaliwali, a i kekahi la, oiai e aneane hele loa aku ana i kahi
o ka pilikia, ua hoike mai la no kela ia'u i kona hoomaopopo
iho no ka aneane mai o na lima o ka make e lalau mai a kaili
aku i kona aho hope loa. A i kekahi la, ua kahea mai la kela

60

ia'u e hele aku a noho ma kona aoao, a i ko'u hooko ana i keia
kauoha, ua hoomaka mai la oia e kamailio mai penei:

"Auhea oe e kuu wahine, ke ike mai la no paha oe i ko'u
helehelena o ka pilikia, oiai, ke ike iho nei no au, ua hele mai
nei au a nawaliwali a pilihua paupauaho, a ke aneane mai nei
ko'u manawa e ukali aku ai ma ka meheu o ke keiki a kaua
a haalele iho ia oe hookahi mahope nei, a pehea aku ana la oe.
Ua kuhi au o oe o kaua ke haalele mua mai ana i keia pili'na;
ua manao au e paupauaho a manaka kahiko oe ia'u, i ka hoo-
luhi, i ka hoopilikia a me na hoinea o ko kaua noho ana, eia
ka aole, ua pili ia a ua hoomanawanui pauaho ole ia e oe maua
me ka lei a kaua a hala aku ia, a noho mai nei kaua iloko o na
inea a hiki mai la i keia manawa, akahi au a ike, o wau ka o
kaua ke haalele iho ana ia oe. Heaha la hoi, e noho pu no
hoi kaua, e nana aku no hoi au ia oe a e nana mai no hoi oe
ia'u, a hala ae no hoi au, pau kou noho ana iho i keia wahi,
huli hoi aku ke alo no kauhale o na ohana o kaua a haawi aku
i ke aloha ia lakou a pau. E hai aku oe i ka mea oiaio ke ni-
nau ia mai ia oe, e hoike aku oe no'u ka pilikia i ukali ia e oe
me ke keiki a kaua a hiki i ka hopena, a ua hookopaa oe i kau
olelo hoohiki i lawe ai. A o ka'u olelo kauoha wale no ia
oe, ke noho kaua a pilikia ia au, alaila e kanu pu oe i kuu pu
me a'u, i hookahi o maua moe pu ana iloko o ka opu o ka
honua, no ka mea, aohe au hana me ka pu, owau hookahi kai
hoohana iaia, a ke hele au, e hele pu no maua, pau ka'u mau
hana a pau kana mau hana ma keia ao."

He manawa noho pilihua wale no keia iloko ia mau la, e
hoopulu mau ia ana kou mau papalina e na waimaka i ka ike
aku i ka emi malie o ke kino a me na helehelena o ke kane,
me ka hiki ole ke haawi aku i na kokua e looaa mai ai ka
palekana, oiai, ua hoao aku la au ma na mea a pau e hiki ana
ia'u, a ua hoomaopopo maoli iho la no ua kuhohonu a ikaika
loa ka uhola ana o ka ma'i maluna o kona kino, a o ke kali
wale aku no ina e loli ae mamuli o ka hoi hou mai o ka ikaika
o kona kino, a i ole, no ka haalele loa mai paha ia'u. He elua
pule mamua ae o kona pauaho ana mai i keia ola ana, ua hoo-
maka mai la kona noonoo e ano e, e kamailio lalau ana i

61

kahi manawa, me ka hoomaopopo no nae ke hoala ia aku,
pela mau oia a i ka la mamua iho o kona haalele ana mai ia'u,
ua nalowale loa ae la kona noonoo a me ka hoomaopopo ao-
kanaka, a moe mumule wale iho la no ia mai ia la a po, a mai
ia po a aneane paha e hiki i ka waenakonu a huli ka pewa, pio
iho la ke kukui o ko Kaluaikoolau hale a hoi aku la ka uhane
me ka mea Nana i hana mai, koe iho la kona kino lepo mahope
nei, ka mea a'u i kumakena iho ai me ka naauaua, o wau hoo-
kahi iloko o ia anoano eehia i laukanaka au i na leo kupinai
o na pupukanioe, me he la e uwe kanikau pu ana lakou me a'u
iloko o ia mau hora o ka liula wehe'na kaiao.

I ka hoomaka ana mai o ka malamalama o ka onohi o ka la
e uhola ae i kona mau kukuna maluna o ka aina ia kakahiaka,
a waiho kalae mai la na kipapali a me na kualono o ua awawa
aloha nei, e hiamoe malie ana o Koolau iloko o kona pauhia
hope loa o ka make, me kona oiwi kino maloeloe i hoomae-
mae maikai ia e na lima aloha nei o kona hoapili he wahine,
me ka lei hoonani o na pua lehua a me na lau palai ma kona
umauma, a e waiho moelolii ana hoi kana pu kaulana i puna-
hele nui ia ma kona aoao me ke apo ia e kona lima akau. Kau
iho la na onohi ike o ko'u mau maka maluna o kona mau hio-
hiona waipahe, a hoi mai la na hoomanao apau nona, a e ka
makamaka heluhelu, pehea la e hiki ai ia'u ke hoike aku i hiki
ai ia oe ke hoomaopopo iho i ka ikaika o na pakaualoku e pehi
ana ia loko o ka manawa, e haehae ana i ka houpo a paapaa-
ina na maawe o ke aloha kupouli—e—aloha wale. Aloha ia
i niau helekohana aku la e uhaiaholo ana i ka lei aloha a maua,
e u naue kokoolua ana i ke alahele polikuakane, haalele iho
la ka hoi ia'u ke kokookolu o ka huakai pu ana mai, e pai-
auma naauaua kuha'o hookahi aku mahope nei i ke alahele o
ka meha e au hapapa ana na lima i ke ahe kino ole a ka ma-
kani, o ka hu'i maeele wale no ia o ke aka kino wailua o kuu
kane i niau palanehe iho la, nawai hoi e ole ka meha, ua pili
na maka pale ka leo, ua lele ke aho ka lamaku o ka hale, haa-
lele iho la i ke kino e hoi no ka lepo i ka lepo—aloha ino—
e, aloha kuu kane, a ko ai ka puana ia ana—

62

"He kau ko na makani e pa kikiao ai,
    He kau ko na ahekehau e pa kolonahe ai,
    He kau ko na opuu e mohalapua ai,
    He kau ko na laulipo e helelei ai,
    He kau ko na omakaua e puluelo ai,
    He kau ko na kukunala e ikiiki ai,
    He kau ko kela a he kau ko keia,
    He kau wale no nae na kau a pau—no ka make."

A pau ka'u mau hooponopono ana i ke kino a me ka uwe aloha ana aku iaia, ua hoomaka ae la ka noonoo no kahi kupono e hoihoi aku ai iaia a hoomoe aku iloko o ka opu o ka honua. Nana hele aku la au a hiki i ka loaa ana ia'u o kekahi wahi kuono lipolipo i uhi malumalu ia e na kipapali kualapa o ke kuahiwi, a i hunakele ia hoi e na laalaau me na lauhihipea i awili ia e ka palai a me ka awapuhi, a hooholo iho la ko'u manao o kahi kupono ia e maluhia ai kona mau iwi, a malaila hoi au e eli iho ai i kona ilina a uhi aku i na hunalepo maluna o kona kino. E na makamaka e komo pu mai nei me a'u iloko o keia moolelo o ka meha, e hoomanao iho kakou ua hele kuewa ia keia huakai auwana o ka waonahele, aole hoi na lako e like me ka noho'na o kauhale koauka, nolaila, o kahi lako wale no e paa ana ma ko'u lima ia manawa no ka paeli ana aku i ka opu o ka honua i hohonu, i akea a i laula kupono ai ka home hope loa o kuu kane, he wahi pahi, a he wahi koilipi, oia wale iho la no na wahi lako e hoohana aku ai no keia hana nui e kali mai nei no ko'u hooko aku, a ua hana au me ka ikaika a pau o ko'u mau lima a me ko'u kino wahine me kela koilipi a hiki i ka lawa pono ana o ka loa, ka laula a me ka hohonu o ka lua ilina no ka hunakele loa aku i na helehelena o kuu kane aloha, ma kahi hoi i hoopaa ai ko'u manao aole loa e loaa a e hiki ke hookumakaia ia kona kapu a hiki i ka hopena.

Ua hoomaka au i ka eli ana i keia lua i ka mua o ka la a hiki i ke ahiahi, ua loaa ia'u ka hapalua o ka hohonu, a hoi aku la au a moe hooluolu iho la ia po ma ka aoao o ke kino uhane ole o kuu kane a hiki i ke ao ana. Ma ia kakahiaka ae, ua hoo-

63

maka hou aku la au i ka'u eli ana a i ka hoea ana o ka la i ka
aluna ahiahi, ua ike iho la au ua lawa a ua hohonu kupono ka
lua. Haliilii iho la au ialalo o ka honua me na lau aala o ke
kuahiwi a kaupale ae la ma na aoao, a i ka makaukau pono
ana o na mea a pau no ka apana hana hope loa, ua kii aku la
au i ke kino lepo o ua kane aloha nei. Ua kukuli iho la au
ma kona aoao a pahola ae la i ka'u mau mapuna leo pule ma
na kapuai o ke Akua ma na lani kiekie, a hapai aku la iaia me
kana pu mawaena o na ulunahele me na laalaau, e kolo ana ma
kekahi wahi me ka hiipoi i kona kino a hiki i ka hoea ana i ka
pahu hopu o kana huakai hope loa maluna o ka lepo aloha o
kona oneoiwi. Malaila, ua hoomoe akahele aku la au iaia
me ka maikai e hiamoe pu oia me kana pu punahele ma kona
poli, ko'u hooko ana hoi ia i kana kauohapaa hope loa ia'u.
Haawi ae la au i na olelo pule hoomaikai i ka Makua Lani,
uhi aku la i na lauliko maluna ona a moni aku la ka honua iaia
me ka hunakele loa, a "hoi aku la ka lepo i ka lepo a o ka
lehu i ka lehu, e hoomaikai ia ka inoa o ke Akua Mana Loa."
Ua uhi au iaia me kona mau pono a pau me ka lepo a hapa-
lua o kona hale, ua hoonohonoho kipapa iho la au me na
pohaku palahalaha a paa pu, a uhi hou iho la ka lepo, a uhi
hou iho la au he kamoe pohaku me ka lepo maluna loa a iliwai
like me ka ilihonua. Ua kanu iho la au ma na wahi a puni o
ka he me na omaka laulipo o ke kuahiwi, honi aku la i kona
lepo a waiho aku la iaia e moe malie no na kau a kau, a haalele
aku la i kona halepuanuanu a huli mai la ke alo e hoiluuluu
ana i Hanakahi me ka puolo pilihua i ka umauma a o ka haawe
hoi o ke kaumaha ma ka hokua. Ia ahiahi no, ua ku ae la au
a haalele iho la ia wahi a maua me kuu kane i noho hooma-
nawanui pu ai, pehea hoi e hiki ai ke noho iho ua hala aku la
ke kane ke koolua o ia wahi mehameha, a huli aku la ko'u
alo no ke ala e hoea ai i kahakai i kahi e kokoke aku ai ke
aokanaka.
Ia'u e iho nei ia powehiwehi, ua nana wale ae la no na
maka i na kuono a me na kualapa a maua i hoomanawanui pu
ai me ka lei he keiki, i pukukui pu ai i ke anu a me ke koekoe,
a kau wale mai la no ko laua mau akaku hiohiona imua o na

64

maka o ko'u hoomanao halialia, na ka waimaka no e hanini.
Hoomanao ae la i na la opio o ka noho aloha ana, ka aina
hanau a me na pili me na kini makamaka, ko lakou ike ole
ana ia laua a me ko'u huna hookahi ana ia laua, ko makou hele
pu, moe pu a hoomanawanui pu ana iloko o na pilihua a me
ka inea, hoomanao ae la i ka aloalo pu ana i ka make a na elele
poka a na pu pualikoa Pi Ki, e hu ana a e lele makawalu ana
ma o a maanei, ike aku la i na kipapaloi, na awawa a me na
kuanihi i hele a i alo pu ia ai, auwe, he mea e ke anu maeele o
ka houpo i ka pehi'a e ka ualoku a ke aloha paumako i kuu
kane me ka lei a maua—e—ke u nei no au i ke aloha no laua—
e ui ana e ike aku i kanaho-e, aole ka, ua peepoli, ua hunakele,
ua haalele loa mai ia'u—o ka'u no ia e hoiloli ae nei i ke
aloha—i ka mamina palena ole ia'u mau lei mamo o ia mau
la me na po oehuehu o ka ehu poka—auwe au, auwe kuu ma-
newanewa—e!

Kuewa kukahi aku la au iloko o ka meha lai kupouli o ke
koloka o na aopolohiwa o ka liula, i hoolauhokaunu ia e ka
oweowe palanehe o na hunawai kapipi iliili o ke kahawai a
me na leo ne honehone o na pupu ipolaui o ka wehe'na kaiao,
a i ka hoomaka ana ae o na ao o ka po e niau palanehe aku a
nalo mahope o na kiekiena kuahiwi a omaka mai hoi ka ma-
lamalama o ka onohi o ka ia, aia hoi,: ua hoea aku la au ma
kahi e kokoke aku ana i ko kamaaina kauhale, a ma ka aoao o
ke kahawai, iloko o ka ulu poniponi paapu o ka Mikinolia me
ka lakou mau kui hoomakole ili, hoomaha iho la au a poni iho
la ia wahi i kahua no'u e hoopunana ai me ka malie, a kakali
au no na mea a ke au o ka manawa e kaikai mai ana maluna o
kona mau eheu no'u, ina no ka palekana, he palekana ia mai-
luna mai, a ina no hoi no ka popilikia, ua hiki no, eia no ka
hoi ma ke ala o ka popilikia a oe i kaalo ae ma ke kua.

Ma keia wahi a'u e noho nei, he malu a nalo, a o ke kumu
nui loa nae o ko'u nalo loa a hoohuoi ole ia ma ia wahi, oia no
ke komo ole iho o na manao haupu o na makamaka e noho
mai ana eia au ke noho aku nei iloko o ia ulunahele i piha me
na meakuku me ko'u hoike ole aku, a o ka paa mua o kela ma-
nao kahiko o lakou ua papapau makou i ka make i ke ki pu

65

ia e na koa Pi Ki, a pehea nohoi e ole ai ko lakou manao iho
pela, ua helelei pakaua ka hoi na poka a ka make ma na wahi
a pau o ua kualono aloha nei. Ua noho iho la au ma keia
wahi no aneane e piha hookahi mahina, a iloko o ia mau la
lehulehu, aole loa au i hoike aku ia'u iho imua o kekahi mea
kino uhane ola, aka, o ka ike a ko'u mau onohimaka kai hoo-
maopopo laelae aku ia lakou a pau i kela a me keia la, me ka
lohe aku o ko'u mau pahukani i ko lakou mau leo hauwalaau
o ka laulea ma ko lakou poai home o ia kapakai kaulana.

E ha'oha'o iho ana paha na makamaka i ka hiki ana ia'u ke
noho ma ia wahi me ka nele ole i ka ike a ka pololi, a me ko'u
hoike ole aku hoi ia'u iho imua o na makamaka. He mea ku io
no ia i ka haohao, aka hoi, ma na mea pili i ka pololi, ua ike
no kakou, ua noho ia mai la na kuahiwi a ua maa a lawa ma
ka imi a me ka hoolako ana i na mea a pau e hoona ai i ka
lua o ka inaina. I ka po, he manawa ole wale no, ua lawa au
me na opae a me na oopu a me ka wi o ke kahawai, a ua kii
aku la i mau wahi oha ai a me na lau luau. Ua hoomoa no
au i ka'u ai me ke akahele loa ma ka pulehu ana iluna o ka
nanahu, a mo'a, ua lawa iho la no ka noho'na hoomanawanui
o ia mau la o ka haupeepee iloko o ka noho meha ana, a aole
loa no hoi au i ike i ko'u pilikia a ka pololi iloko o ia manawa
holookoa a'u i noho ai ma ia wahi a hiki wale no i ka haawi ana
aku i ko'u aloha ia kahua a haalele aku ai mahope.

E ninau a e nalu iho ana no hoi paha na makamaka a i iho:
"Heaha la hoi ke kumu o ka pee ana? Ua neoneo hoi na kua-
hiwi aohe pueo hoohalua o ke kula, a ua hoea hoi i kauhale
o na pilikana, a o ka poli no hoi ia o ka palekana." He oiaio
no hoi paha ia, aohe mea nana e hoole ae ia mea, ina nae hoi
no kakou pilikana wale iho no ka noho'na o ia mau la, aka,
aole pela, no ka nui manu aku o kakou, he loaa no kahi kanaho,
he mau punana ko lakou e maluhia ai, a no ko oukou maka-
maka nei iloko o ia manawa, keia wahi manu punana ole, ua
eheu aku la na manao ana ae no ia mea, a ua ano like me kela
mau wahi mapunaolelo kaulana kahiko a na kupuna o kakou
e i ana penei: "Ua hala ka Puulena aia i Hilo, ua imi aku la
ia Papalauahi." Ia'u e noho aku ana ma ia wahi, ua punia ia

66

mai no o loko me na kipona o ke aloha, e hoeu ae ana i na ma-
nao kokoina e hele aku e ike i na pilikana e haiamu mai ana
imua o ka ike a ko'u mau maka, a ua aneane no i kahi o ka
hooko aku, aka, hoomanao ae la no nae i na olelo a'o a ua kane
nei i kona i ana mai, "A ke haalele iho oe ia'u me ka lei a
kaua mahope nei, ea, e nihi ka hele'na i ka uka o Puna," no
ka mea, ua ike oe i ko hope nei, o mua ka hoi kau e makaala,
e halo a e hoolono, aole i ike ia'ku kahi o ka ino i hoopu ai,
hele ana oe waele ana no i ke ala o ka wawae."

Me he mau lima la o ke kino wailua o kuu kane keia mau
huaolelo ke hoomanao ae, e apo malie ana ia'u a kaohi aku la,
me he la e i mai ana, "Alia oe e pulale aku a meha pono iho na
manu," a ua haulepu iho la na manao hoinau no ka helekino
aku a hoike kaokoa ia'u iho. Aole loa i komo ka hopohopo
iloko o'u no na makamaka, "he hookahi auna peepoli ia no'u,"
aka, ua haupu wale ae la no o loko o ko'u noonoo, malia paha
aia no kekahi mau lima mana o ke aupuni ke hoopue mai nei,
a me kekahi mau koa Pi Ki, me ka hae o ko lakou mau lua o
ka inaina no kuu kane a me a'u pu, e ake ana o ka ike lihi mai
a e panai mai i ka lakou hoopai o ka make mainoino no kela
mau koa o lakou i oma'o ia'i e ke ehu poka a ka pu ki pololei
a kuu aloha; a oiai o wau olohelohe iho la no ia mailuna a
lalo, aohe wahi e pale ae ai ia mau haawina ke poipu ia mai,
nolaila, ua hooholo iho la ko'u lunaikehala e hooko i na olelo
kauoha a kuu kane a e hoomanawanui hookahi, a oia iho la
ke kumu o ko'u noho mumule a hunakele ia'u iho mai na kini
mai e noho ana ma ia mau aekai a makou i kamaaina pu ai
a i aloha pu ai hoi. O ko'u aloha a me ko'u iini nui iloko o ia
mau la, oia no ka hui pu aku a noho pu me na pilikana, a e
hoike aku hoi imua o lakou i na mea a pau e pili ana i ka'u
mau mea i ike kumaka ai, na mea hoi i ike ole ia e na onohi-
maka o kekahi mea kino uhane ola, koe wale iho no kuu kane
me ka lei a maua, a ua hala e aku hoi laua, koe hookahi au e
noho aku nei, na mea oiaio a pau e pili ana no keia moolelo
walohia, i maopopo ai ia lakou na mea a pau a ko lakou mau
manao kuhihewa me ke kohokoho wale ana aku no i Hikaua,
aka, ua ko ole ia mau manao o'u, me ka haupu ole ae a me ka

67

moeuhane mua ole, eia ka ua poni ia na ka makapenikila wai-
meli a Kahikina Kelekona e hoopaa ma ka wai o ka inika a e
hoolaha pa'i buke aku imua o na kini i ka moolelo oiaio o Ka-
luaikoolau, ka mea i kaena ia "Keahikanana o na Pali o Kala-
lau, a o ka Olali Haokila Kaeaea o ka Piko O Ahi o Kamaile !"

Ia'u e noho nei ma keia wahi, ua paa mau no ia'u ka hakilo
makaala no ka ike lihi aku i kekahi hoailona o na makai a i
ole o na koa Pi Ki paha, a o ka lohe wale aku paha i kekahi
mau hopuna olelo e pili ana no lakou, i loaa ai la hoi he alanui
na'u e hookahua iho ai i ke kamoe ana aku o ke alahele no
ka'u mau mea e hoohana aku ai no'u iho, aka, ua hoonele ia
mai au, no ka mea, ua hoomaopopo ia mai ia'u mahope mai,
ua ahaikapupuhi loa mai no ka ua mau kamakeloa nei, pau unu
aohe lau koe iho i kau a mea o ke kau ka weli i na hana a ke
keiki Koolau puuwai haokila oiwi hookahi imua o lakou auna
manu kinikini wale—ua puhia mai e ke kikiao makani o Ka-
hoinele. A no ko'u ike ole aku a lohe ole aku no ua poe nei,
me ke ano kanalua no nae, ua hooholo iho la au, ua lawa ko'u
manawa o ka noho ano kuewa ana malaila, a e aho no ka huli
hoi loa ana mai no ka polipumehana o ka punana o na makua
a launa pu hou i ka aina hanau o ke kane, ke keiki a me a'u
pu no hoi.

I ke ahiahi molehulehu o kekahi la, ua hoomakaukau iho la
au no ka haalele ana aku ia punana a'u i noho hookahi ai me ke
aloha, a o kahi puolo pili ili ma ke kua a o na wahi paina no
ia hele'na mai, iloko ia o ka poli, huli mai la ke alo no ia alaloa
pii'naku paupauaho i ka nihipali kiekie. Ia'u i pii mai ai iloko
o ia molehulehu meha laipu, a hala mai la i kahi o ke kiekiena,
huli aku la ke alo nana aku la na maka o ka waiho lai maikai
mai a na kapakai aeone e hooipo ana me na hunakai o na
ha'inanalu leo hawanawa, e uwiuwiki mai ana hoi na onohi aa
o na kukui o kauhale makamaka, me he la e haawi mai ana i
ka lakou mau kanaenae o ke aloha no keia kamahele e kuewa
hele hookahi nei i ke au a ka wawae ma ke alahele o ka meha-
meha anoano a me ka poele.

Ika hoea ana i ka pewa o ia po, ua hiki aku la au i Kaha-
lanui, aia i kuahiwi, kahi hoi a makou i noho mua ai me a'u

68

mau aloha he kane me ke keiki, a halawai mua ai au me ka
Makai Nui oia o Lui a me kona ukali oia o Penikila. Ilaila
au hooluana iki, me ka piha naauaua o ka noonoo i ka hoi mai
o na hoomanao ia wahi a makou i noho ai, me he la eia no kuu
kane me kuu keiki me a'u kahi i hoomanawanui pu ai iloko
o ia mehameha kupouli, a ua lilo ia i mau kumu hoolana i ko'u
mau manao ma na ano a pau. Ua noho au ma ia wahi a liuliu
iki, ua ano maha ae la a nalo aku la hoi ka maluhiluhi maeele
o na olona o ke kino, hoomaka hou mai la au e hooneemua i
ko'u mau keehina wawae e pii eleu ana me ka mama hopo ole
i ka nihipali, ke pii nei au me ke kau aku o na maka imua, aia
ke kahua hoomaha ma Kealapii o Kilohana e hehiku aku ai
i ka piko kiekiena o ka Pali o Kalou, wehewehekaiao ua hiki
au ilaila, hoomaha iho la a kuu ka nae o kamahelepo, honi ae
la i na ea hooluolu o ka lewaluna, e pa kolonahe mai ana me
he waiauau e holoi aku ana i na omakahou o ka ili o ka pii'na
paupauaho ana mai i kumupali o ka nihinihi kuhohonu, e alawa
no ma o a e kiei hoi maanei he make wale no, aohe puukala-
hala e pakele ai.
    Ma keia wahi, nana aku la ia kai, o ka waiho kalae mai no o
ua kuono aloha nei i huna makee ai ia'u me kuu kane a me ka
lei a maua, a pepelu iho la ko'u mau kuli, haliu ae la iluna, a
kahea ae la i ke aloha o Ka Mana Kahikolu e apo oluolu mai
i na hoomaikai haahaa a Kana kauwa kuewa o ke kuahiwi,
no Kona malama maalahi ana mai, a e uwalo aku ana e hoo-
mau mai ka noho pu a kiai palekana o Kona Uhane Hemolele
ma ka'u huakai huli hoi, a i na manawa no a pau. Ua hoona-
nea iho la au ma keia piko kiekie'na e hoohihi ana ka ike a ko'u
mau onohimaka i ka nani o ua awawa kaulana nei, a e omo
hoohialaai ana hoi ko'u houpo i ke ala anuhea o na lauliko o ka
wao a ke ahekehau iniki ili e lawe palanehe mai ana maluna
o kona mau eheu hoopilipoli. Alawa aku la na maka i ua home
kuahiwi nei a haawi aku la i na kanaenae a na kuluwaimaka
e puana puapuai ae ana i ka u ana aku—
    "Heaha hoi keia e kuu houpo manawa e hoouluku, e hoo-
paupauaho nei i ka puuwai? Heaha keia e ne ae nei e hoililoi
ae nei me he punua 'la ka ne hone i ka iwihilo, e hoehaeha nei,

69

e haehae nei a e akiaki nei i na maawe o ke ko—ko puolo a ke
aloha? Ae—ua ike au. E aloha aku au ia oe e ke kamaeu
palikapikai O Ahik̄aolele o Kamaile, ke kiu kiai kahakahana o
na po kiheiuhola polohiwa a Kane, he kiai oe no kuu kane—
aloha wale—a huli ae kuu alo pe'a na lima pale ka ike'na'ku
ia oe, hookahi no a'u alana o kuu aloha ia oe—aloha oe. O
oe ka ia e Kahalanui puuhonua, ka punana a maua i hoopu-
nana iho ai me ka lei aloha he hiialo, e apo mai oe i ko'u aloha
ke hoi aku la no me oe e lolii pu ai, e kaunu pu ai. E Wai-
makemake—e—na kou malu lauhihi makee i hunakele aku ia
makou mai ka make a na poka pinapinai a na haekoko, o oe
pu me makou iloko o na kuaua o na elele make a na pu laipela
i aloalo ia'i, o oe ka ikemaka hala ole i ka aimanu o ka pu
kipololei a ke kaeaea o kou poli, a o oe pu me makou i ka make
a ka wai a me ka la maka poniuniu o ka nele i kahi mana ai,
ua hiialo oe, ua ahonui oe a ua peepoli oe ia makou—he lei
aala kou inoa na'u i kui a e lei hoomanao mau nei, ua kuni'a
ua wilina iloko lilo o ko'u puuwai, me oe auanei ko'u aloha
pilipaa a waiho ae keia mau iwi—aloha o—e. Aloha oe e Ko-
heo ke kahua makamaka nana i wehe akea mai ka nanehuna
a na Pi Ki a ahuwale o Hua i ka la, nau ka hoi ka hana aloha
e poina ole ia, ua kanu ia ua liko iloko lilo ua puia. Alawa
aku au iluna o kou hokua kalae e Punee—e, ka makaula kuhi-
kuhi puuone nana i kilokilo i hikaua ke kaona ka lua a ka ina-
ina, ua ike oe, ua hikimua ia oe ka mahui ahailono leo ole ua
hala e aku la ka Manu Hilu aia i ka luna kapiwai o Limamuku,
hahapoele ae la na lima popohaoahi a na hanuhaekoko, huhe-
wa ka ike hoonui a ka ohenana, ke hapapa wale la no i kumu-
pali o Kaalaneo, e ole hoi ka neo ua nanakee ka i-a i ka maunu
a ka opukeemoa—aloha oe, aloha oe e Punee, ua ike mai no oe
i kau aole i hoohewahewa. O oe ka ia e Kalahau kukila kukiai
kiu hanu meheu o ka ehu poka, he palekua oe, he palealo, he
palekana no ko mamo pualehua ke Kaeaea i kou hokua, o kau
no ia e kiai mai nei i kona home lepo me ka lei a kakou; nou
ko'u ilihia mau, aloha wale—nou ka lei i poni ia i kiai i malama
i hookapu i na iwi aloha a kakou, kele ia a nalo, ua meha ia
kuono aia i ka liula, o Welehu ka moe kau a kau, aloha oe.

70

Nana aku au ia oe e Oheoheiki, he iki hana kau laupai ke
aloha. nau ka hoi i hookanaho ka makaponiuniu i na la o ka
Makalii a me na po o ka Hooilo, nou ka umauma waiu wai-
meli o ka lokomaikai i na houpo lewalewa, nou na limalau
peahi iolahonua, i ku ai kaena a kamahele auwana he lani ko
luna he honua ko lalo—he makua oe he kanaho no keia aho e
kanaenae aku nei—aloha oe. Aloha oe e Kaluamoi ka poli
hookipa hoonanea hoowalewale a hoohala manawa a na kolea
kauahua haekoko, na kou kilohana i uhi aku i ke koloka o ka
palaka a me ka powehi maluna o lakou, i kiei halo ia'ku ai e
na hoku o ahikanana ahaikapupuhi i ka piko kuahiwi, moaka-
ka ka papakonane i ka luna ha'iha'iolelo o ke kaha wailele. E
Limamuku—e, e Limamuku—hoi! Nou keia panapana pina-
pinai e lokuhalaole ae nei i ka iwihilo, nou keia mau omaka wai
kuaua e hiolo makawalu nei—nou keia waikauhola waikoolihi-
lihi e kaheawai nei—nou keia hoiloli hoehaeha e haehae nei i
ka houpo—unu mokaki iho la ka pua lehua i ka pehia e ka ua
loku, nawai hoi e ole ka eha, eia i ka manawa ka eheu makani
kikiao o ke aloha kahi i hana mao ole ai—aloha—aloha oe e ke
kahua poli hookanaho kaupoku ole, aloha kou hoopunana maa-
lahi ana ia'u me kuu kane a me ka lei a maua, aloha kou kie-
kiena kapukapu i ka nihipali, aloha na leo mele ne-hone a kou
kahawai haihaiolelo, pale paha auanei na maka pau ka ike'na
ia oe; o ke kilohi mau wale iho no nae ia oe aia iloko ke aloha
kahi i noho ai ua ponia ua kahakahana ia, aloha oe. Ke hoo-
lono aku nei no au i kou leo owe e ke kahawai o Waimake-
make, na kou huihui lipolipo i hoomaalili mai i na kipona wela
malohaha o ko makou mau kileo, ua aloha ia au ia oe, he pula-
kaumaka oe no na onohimaka o ko'u waihona hoomanao,
aloha oe. E na punana malumalu a me na makamaka o ke
kapakai aeone i aloha ia, ke haawi aku nei keia puuwai i na
koni aloha mau loa no oukou, na ke ahe eheu o kehau kuahiwi
nei e lawe palanehe aku a loaa oukou a hoope iho i ko oukou
mau papalina, e hoike aku ana, o ko oukou mau hiohiona ke
nalo mai ka ike a keia mau maka, aka, o ke aloha, aole loa ia e
nalo. A e ke awawa hookipa palekana o Kalalau! Ua punia
au i ke aloha nou, me oe ka hooilina o ko'u mau iini a pau a

71

hiki i ko'u hopena. Ke hele nei au ma ke ala e haalele iho ai ia oe mahope, me ka waiho pu iho iloko o kou poli kupaoa i ke ala o na lauhihi o ka waokele, i na iwi hooilina aloha a kakou. Ke waiho nei au e moe malie laua iloko o kou malu, nau ka huna, ka hunakele, ka hunakelelilo, ka hunakeleliloloa— aloha paumako wale. Nalo oukou mai ka ike'na a keia mau onohimaka, moakaka no nae iloko o ke aniani kilohi mau a na onohi hoomanao o ko'u puuwai, ua *a*, he mea pio ole ia i na waikahe nui—aloha—a—ke niau nei au i ke au a ka wawae, e hii ana ma ke kua poli ma ke alo i ke aloha pilipaa—ua hiki —a!"

E na makamaka aloha i uhaiaholo pu mai la ma na meheu o keia mau hoomanao poina ole ia e ko oukou hoa ha'iha'iolelo nei, e hoike aku no hoi au, ua ike au i na ehaeha makolukolu o na mahele like ole iloko o na la kupilikii o ka alo ia ana ma ia mau paia kupoele, ua ike i ka walania a na kuihouhou e hoomokumokuahana ana ia loko, aka, he mea e nae hoi keia anu maeele e poipu ana i ke kino, nele na mapuna olelo e hoike ae ai i ke ano o keia kauhola—

"Hohola hapapa na lima o Hauailiki he hui maloko he anu
      mawaho,
Wili ahiu opili i ke Kuhonua ka lau nahele muu unu mokaki
      ka pua Lehua—e,
Hao ka Inuwai hookalakupua mukiki malo ka lau laau,
Moekokolo ka punohu oehu kaihanupa a ke eu Kona kailiku,
E iniiniki ana na lihilihi o ke kiu Waipao i ka poli e paopao
      kuikele ana,
O ka'u no ia e naauaua ae nei—e hoonana ae ana—e—aloha
      wa—le."

Aui aku la na maka i hope nana i ka waiho kalae mai o ua kuono kahela nei i ka lai, a haalele aku la mahope i ka piko kiekiena o Kalou, ka luna iu hoi o Kilohana, e ae ana na keehina maluna o na kakai pali a e nihi ana ma na kualapa awawa a hoea i ke alahele e iho ana i Kaunuohua. Nana aku la na maka i ka nani iuiu o Halemanu, i ka home kuahiwi hookipa

72

o ka Makua Kanuka, ke kahua hoi a makou i hoomaha mua ai
me a'u mau aloha i ko makou haalele ana aku ia Kekaha, ka
aina hanau, a anoano wale mai la no na halialia hoalohaloha
no ka hoapili he kane a me ka lei hiialoha he keiki. Ma keia
wahi, ua hoomaka mai la ka uhi mai o na eheu o ka po, nana
ae la na maka ma o a maanei, aohe wahi e hookanaho ae ai,
pili wale aku la no makae pali, a haule iho la hoomaha ka ma-
luhiluhi o ke kino o ka niau ana mai i ka loa o ia alahele ihona-
pali. Aole no i liuliu ua komo aku la au iloko o ka poli hiamoe
hoonanea o Niolopua, a i ka puoho ana ae, ua wehewehe kaiao,
ua haalele mai la ka maluhiluhi o na olona, a ua mohala maikai
mai la ka noonoo i ka hoope ia e na kipona ea wehekaiao o ke
kuahiwi, a ua hoeu hou mai la no na kapuai no ia ala ihonapali
a hoea ana i ka honua palahalaha o ua aina aloha nei, a mama
mai la ka niau koea hele ana ua meha ke kula aohe lele manu.
    Aia iloko o keia huakai alohookahi a'u i hele mai ai, ua meha
lai pu wale no na kuahiwi a me na kualono, o ke anipeahi wale
no a ka welau makani i ko'u mau papalina a me ka owe o na
lau laau ko'u mau hoahele mawaho ae o ko'u mau hoomanao
kaukau no a'u mau aloha, me he la e i mai ana—"Eia no maua
me oe e kiai ana ma kou alahele huli hoi no ka poli o ka aina
hanau o kakou." Aole loa i loaa a halawai pu me a'u kekahi
kumu hookuia, aole hoi kekahi ano hoohalua a hoomakaukau
a aole no hoi au i hui a halawai pu me kekahi kino uhane ola
a hiki wale no i ko'u hoea ana i kauhale o makou i Kekaha.
Ke hoiloli ae nei no na hoomanao halialia i ko'u hoea ana aku,
he kakahiaka Poaono ia, a ike hou aku la ia wahi a maua me
kuu kane a me ka lei a maua e nanea ai, a ke hoomanao nei
no hoi au i ko'u hui pu hou ana me ko maua luaui makuahine,
ka puhaka hoi nana i haakohi mai kuu kane aloha a makua
aloha no hoi no'u, oia o Kukui, i ko maua kanikau pu ana me
ka u paumako i ko'u hoike ana aku iaia i na mea a pau e pili
ana no Kaluaikoolau a me Kaleimanu, i ko laua waiho ana iho
i ke aloha mahope nei na'u e kaikai mai a haawi aku iaia, i ka
laua mau kauohapaa e imi mai no au a loaa ia, a me ko laua
waiho ana iho i ke aloha i na kini a me na makamaka a pau
mamua o ko laua haalele ana iho ia'u hookahi iloko o na kipona

73

o ka luuluu a me ka paumako ma ia mau kualono mehameha
waonahele i noho hoomanawanui ia ai iloko o na haawina o
ka ehaeha, ka pilihua a me ka uhaiaholo ia e na elele limakoko
o na koa Pi Ki o ia mau la oehuehu o ka aloalo poka a'u hoi e
poina ole ai a waiho neia mau iwi.

I ko'u noho pu ana mahope mai me ka luaui makuahine
aloha o maua, ua nui no na noonoo uluku o ka hopohopo a me
ka pihoihoi i ulu ae iloko o'u, a ua hoohala wale ia no ia mau
la a me ia mau po iloko o ko'u pee hunakele, oiai ua komo mai
la na manao kohokoho iloko o'u, me he la e i mai ana: "Ua
lohe ia eia oe e Piilani ua hoi mai a eia i Kekaha nei kahi i noho
ai, e kii koke ia mai ana oe a paa i ka hopu ia a he make weli-
weli me ka mainoino kou hopena, i panai no na ola i poino i
ko kane." O keia iho la na manao kohokoho i ulu ae iloko o
ko'u noonoo, me ka lana no nae o ko'u manao, ina e hiki mai
ka manawa no'u e paa ai i ka hopu ia a e kau ia ai ka hoopai
maluna o'u e like me ia mau manao i ulu ae iloko o'u, alaila,
mamua ae o ka hooko ia ana o ia hopena maluna o ko'u kino,
e ku no au me ka hopo ole a me ka wiwo ole a e hoike aku imua
o ko'u mau ewe o ka io, ka iwi a me ke koko hookahi, a imua
hoi o ke ao holookoa i na mea a pau mai ka mua a i ka hopena
i ka moolelo oiaio, a o ka oiaio wale no, e pili ana i na mea
i hana ia e kuu kane aloha, Kaluaikoolau, ka mea i kaena ia ke
Ahikanana o na pali nihoniho o Kalalau, a me ka Weli Hia-
paeole o na kiekiena O Ahikaolele o Kamaile, e like me ka
oiaio a'u e hoike nei maloko o keia buke imua o'u mau oiwi
o ka pupuu hookahi.

A hala ae la he manawa liu wale o keia noho mumule pee-
poli ana o'u, aia hoi, ua hoomaka aku la ka lohe mahui ia ma-
waena o kekahi poe no ko'u ike ia, a e like me kahi wai kulu
liilii i kinohou a lilo ae la i auwai e holo ai kona wai ma o a
maanei, pela iho la no keia lohe i makili liilii ia ai kona mahui
a hiki i kona laulaha loa ana, a pa-e aku la i na pepeiao o na
lima kiai o ke aupuni e hoike ana me ka oiaio—eia o Piilani,
ka wahine hoa alo make o Kaluaikoolau i Kekaha kahi i noho
ai. Ua hele mai no kekahi mau makamaka a hoike mai la i
keia mau lono ia'u, aka, oiai ua loihi ko'u noho ana iho la

74

iwaena o ke aokanaka, ua pau a ua nalohia ko'u mau manao uluku a pihoihoi, a ua aa no au e hui a halawai pu me lakou he alo a he alo. Ua noho malie no au me ka makuahine o maua me ka maalahi, a i kekahi la, ua hoea io ae la no na kauwa a ke Aupuni ma ko makou home, a ua hui a halawai pu iho la makou me ka maikai a me ka oluolu. Ua hoea ae la ma ia la ka Makai Nui o ka Mokupuni o Kauai, oia o John H. Coney; ka Hope Makai Nui o ka Apana o Waimea, Kauai, oia o E. Omsted, a me ko laua alakai, o Kaumeheiwa.

Ua nieniele mai laua ia'u no na mea e pili ana no Kaluaikoolau a me Kaleimanu, a ua hoike aku au imua o laua i na mea a pau me ka oiaio mai ka mua a i ka hopena, a i ka panina hope loa o ka'u mau hoike, ua hooia mai laua i na hilinai a me na paulele maluna o'u me ko laua kanalua ole no ka'u mau mea a pau i hoike aku ai ia laua, a ua kukala mai laua ia manawa, no ko'u huikala ia me ko'u hookuu laelae ia me ka lanakila mai na lima mai o na mana o ke Aupuni ma na ano a pau a ma na mea a pau e pili ana i na hana a pau i lawelawe ia e kuu kane aloha e like me na mea i hoike ia me ka oiaio maloko o keia buke no ka moolelo o kana mau hana mai ko maua noho auwana ana me ke keiki aloha a maua maloko o na kualono o ke awawa poina ole ia o Kalalau a hiki i ko'u hoihoi ana aku i kona kino lepo a me ko ke keiki aloha o ko maua mau puhaka e hiamoe me ka maluhia iloko o ka opu ahonui o ka makuahine honua—a ia la i loaa ai ia'u ka lanakila maluna o ko'u mau manao kohokoho kuhihewa no na hopena e kau mai ana maluna o'u mamuli o ko ke Aupuni mana.

Mai ia la mai, ua noho au me ka oluolu a me ka maalahi, a e like me na olelo kukala a na lima mana o ke Aupuni, pela no au i noho lanakila ai a e noho lanakila nei i keia la, me ka hoopilikia ole ia a hoopoino ole ia ma kekahi mea no na hopena o kela a me keia ano mamuli o na mea i hana ia e like me na hoike maloko o keia buke moolelo. No'u iho, aole loa au i kaniuhu a kuemihope ma ka ukali ana mahope o ka meheu o kuu kane aloha, a e like me ka'u hoohikipaa i lawe ai e lilo ia i koolua no'u iloko o na kau a kau, a iloko hoi o na pilikia o ka noho ana ma na ano a pau, a na ka make wale no maua e

75

hookaawale, pela no au i hooko ai ia berita paa a hiki wale
no i ka lele ana o kona aho hope loa.   Ma kana mau hana a
pau, ua hooko au i kana mau kauoha me ka eleu a me ka ma-
kaala; iloko o kona manawa pololi ua pololi pu ia e a'u; i kona
ike ana i ke anu ua anu pu ia me a'u; i kona uwe ana i na
ehaeha, o wau pu me ia iloko o ia mau ehaeha; i ke ao a i ka
po, i ka ua a me ka la, iloko o na haawina popilikia a me na
mahele o ka poino, o wau pu me ia iloko o na kekona, na
minute a me na hora a pau o kona hanu ola ana.   Ua haalele
aku i ka aina hanau mahope, haalele aku la i na kini pilikana,
poina a nalohia ka noonoo no na mea a pau koe ko'u hiialo
pilipoli me ka makee palena ole i ke aloha nona a me ke ka-
malei opuu a maua, a oia aloha, oia no ka'u e lei mau nei he
hooilina na laua i waiho iho mahope nei, i kanu ia a ua kawowo
a liko iloko o ko'u puuwai na'u e lei mau me ka makee a hiki
i ko'u manawa e ukali aku ai i ko laua meheu ma ia ala hoi
ole mai o ka polikuakane.

I ko'u noho auwana ana me kuu kane a me ka lei a maua
iloko o ka waonahele o Kalalau, ua piha na makahiki ekolu
me na mahina elima a me na pule oi elua.   Iloko o keia ma-
nawa holookoa, mahope iho o ka make ana o Lui Stoltz, oia
hoi ka Hope Makai Nui o Waimea, Kauai, i hoike ia hoi ma
ka hapamua o keia buke, a me ke kipaku ana o kuu kane i na
makamaka e hoi i kahakai i ka hiki ana mai o na koa Piki, a
hiki mai i ko'u hui pu hou ana me ka makuahine o maua ma
Kekaha, he elua ponoi wale no halawai a paleo pu ana me na
hoakanaka, oia no ka manawa a na makamaka Kini, Kelau
a me Keoki i hoea mai ai ma ko makou wahi e hoolulu ana,
ia'u e uhuki ai ana, o Oheoheiki ka inoa o ia wahi, o ka ma-
nawa no hoi ia a Kini i olelo mai ai i kuu kane, ke loaa iaia he
pipi me kona haokuni, e kii a e pepehi i i'a na makou, e hoike
mai ana hoi i ke aloha hoakanaka; a o ka lua o ka manawa o
ka hui a kamailio pu hou ana me na hoakanaka, oia no ka hoea
hou ana mai i kekahi la ae o Kelau me kana wahine, oia o
Keapoula, i lawe ae i ko laua aloha, he mau wahi aahu a me
ona wahi inai hoopiha houpo; a o ka panina hope loa ia o ka
hui a paleo pu ana me ka hoakanaka a haalele wale mai no a'u

76

mau aloha ia'u, a hiki wale no hoi i ko'u hoea hou ana i ke
aokanaka ma Kekaha, he ekolu makahiki, elima mahina me
na pule oi elua iloko o ka waonahele.

Nolaila, iloko o kela mau makahiki ekolu a oi o ka noho ia
ana iloko o ka waonahele o Kalalau, ua pii ia na kualapa nihi-
pali, ua iho ia na awawa kuhohonu kuloupoo, ua hele ia na
kualono, ua aloalo ia na laalaau, ua noho ia na kuokuono a ua
lilo ia owawa holookoa, mai na kiekiena o na pali a i ka papaku
palaha o ka honua i home, a o na ao polohiwa a Kane ko ma-
kou kaupoku; ua aloha ia au ia Kalalau, nawai hoi e ole ke
aloha, o ka poli ia. o ka he ia a o ka maluhia ia o a'u mau iwi,
kuu kane a me ka lei aloha a maua he hiialo.

No ko'u mau kini pilikana, na makamaka a me na hoa'loha,
ua pehia ia au e ka ua loku o ke aloha a me ka mahalo piha
no lakou a pau. Ua apo aloha mai lakou ia'u a ua haawi mai
i na hoike oiaio no ko lakou mau manao maikai, e hoike mai
ana, aole no lakou i poina i ko lakou makamaka i noho iloko
o na inea a me na popilikia he nui wale, a ua apo aku a kuilima
mai la i ko lakou aloha i mau haawina hooluolu a hoolana-
manao iloko o keia ola ana, a ke lana nei ko'u manao, e apo
lokahi aku ana ka lahui oiwi o ka pupuu hookahi i ko'u *aloha
pumehana* no lakou a'u e puana ae nei me ke *kuio*—e kipa aku
a e kikeke iloko lilo o kela a me keia puuwai pakahi o lakou
mai ka puka ana a ka la ma Haehae a ka welo'na a ka la i
Lehua—*Aloha Pumehana!*

I ka hoea ana mai i ka pahu hopu o keia buke moolelo, ke
pahola aku nei au i ko'u mau hoomaikai a me ko'u mahalo
haahaa i na makamaka a pau i hookipa aku iaia i hoa ha'iha'i-
olelo no lakou; oiai, o ko lakou hookipa ana aku iaia, o ko la-
kou hookipa ana aku no ia i ko lakou makamaka nei, he ewe a
he koko hookahi no ka aina kulaiwi.

I ko'u mau makamaka a mau hoa'loha maikai, Hon. Wil-
liam J. Sheldon a me kona iwiaoao o ka aoao palupalu Mrs.
Becky Keaonaueole Sheldon, ke haawi aku nei au i ko'u mau
mahalo me ke aloha pu no ka laua mau hookipa oluolu a me
na lokomaikai iloko o ko'u mau la e hoonohonoho a e hooma-
nao ana i na mea a pau e pili ana i keia moolelo maloko o ko

77

laua punana home nani pumehana uluwehiwehi ma Waimea, Kauai.

Ma keia wahi, ke makemake nei au e hoike ae i ke akea i ko'u mahalo piha i ka makamaka Kahikina Kelekona, ka mea nana ka makapeni noeau i houluulu, hoonohonoho, a i haku a hoopaa me ka hooponopono pololei i keia buke moolelo o Ka-luaikoolau mai ka'u mau mea a pau i hoike aku ai iaia mamuli o na mea i ike kumaka ia a i lawelawe kino ia e a'u, a'u hoi e hooia ae nei imua o ke akea, o ka moolelo pololei, oiaio a ku-hookahi keia o Kaluaikoolau mai ka mua a i ka hope, a ke noi nei au me ka haahaa e hoolilo ia keia buke i kia hoomanao no Kaluaikoolau, a e malama mau kakou i ke aloha nona a me ka hua o ko maua puhaka me ka poina ole iloko lilo o ke kuono laahia o ko kakou mau puuwai pakahi, ua hiamoe laua maloko o ka poli o Kalalau, ua ala hou nae iloko o ko kakou mau hoo-manao aloha.

"He Malu ma ka Honua,
He Aloha i na Kanaka."
Welina!

MRS. PIILANI KOOLAU.

Waimea, Kauai, Ianuari 1, 1906.

ERRATA

Page

66	First paragraph, line 3: **hoomanawnui** should be **hoomanawanui**
67	First verse, lines 4 and 5: **Kupui** should be **Kukui**
81	First paragraph, last line: **Nahoeiki** should be **Naoheiki**
88	Last paragraph, line 3: **k mana** should be **ka mana**
94	Last paragraph, line 10: **mea a pu,** should be **mea a pau,**
101	First paragraph, line 2: **Nolila** should be **Nolaila**
104	Second paragraph, line 3: **makamka** should be **makamaka**
105	Last paragraph, line 4: **kekhi** should be **kekahi**
111	Second paragraph, line 19: **lew,** should be **lewa,**
112	Second paragraph, last line: **ohi,"** should be **ahi,"**
122	Last paragraph, line 4: **looaa** should be **loaa**
128	First paragraph, line 6: delete close quotes following **Puna,**
129	Last paragraph, first line: **Ika** should be **I ka**
138	Second paragraph, line 5: **owawa** should be **awawa**